KB267463

비서 취업 시크릿 노트

비서 취업 시크릿 노트

김민정 지음

외국계, 로펌, 국내 기업까지
비서 취업의 모든 것!

최근 나는 강의를 하면서 '인생 잘 살기Live Well'란 표현을 자주 언급한다. 긴 인생을 함께 할 평생 직장을 찾는 것이 아니라 어떤 직업을 평생 직업으로 선택해서 자신의 커리어를 가치 있게 가꾸어 나가며 행복한 삶을 영위할 것인가의 중요성을 강조한다.

내가 말하는 '평생 직업'은 하나의 직업만을 선택해서 일하는 것을 뜻하지 않는다. 물론, 적성에 잘 맞아 첫 번째 직업이 평생 직업이 될 수도 있다. 하지만 그보다는 첫 직장과 첫 직업에 부여되는 선입견과 제약에서 벗어나 이직과 전직이 자유로울 수 있게 자신만의 커리어를 잘 쌓아가는 것을 의미한다.

첫 직장의 시작, 이직과 전직을 위해서는 모든 지원자에게 해당하는 서류 전형과 면접이라는 절차가 있고, 이는 자신만의 커리어를 쌓아가기 위한 첫 번째 관문이기도 하다. 따라서 꾸준한 역량 계발과 함께 면접의 기회를 얻기 위한 전략이 필요하다.

《비서 취업 시크릿 노트》는 '비서'라는 직업에 대해 다루고 있다. 비서가 되기를 희망하는 사람들, '비서'라는 직업에 관심이 있는 사람들, 다른 직군에 있으면서 비서로의 전직을 희망하는 사람들을 위한 취업 가이드북이다. 국내에는 아직 비서 취업과 관련한 정보가 부족하고, 관심 있는 취업 준비생은 점점 증가하고 있는데 반해 비서직에 대한 이해가 많이 부족하다는 생각이 든다. 이 책은 '외국계 비서 편', '로펌 비서 편', '국내 기업 비서 편'으로 구성되며, 기업의 형태에 따른 비서의 차이점과 그에 따른 취업 전략 등 비서가 되기 전에 알아두면 도움이 될 만한 정보를 담았다. 자신이 원하는 기업 형태의 비서 편을 먼저 살펴본 다음 나머지 파트에서 도움이 될 만한 사항을 선택적으로 참고하면 이 책을 조금 더 유용하게 활용할 수 있다.

특히 '외국계·로펌&국내 비서 공통'과 '로펌&국내 비서 공통'으로 표시되어 있는 부분은 반드시 읽어보고 활용하도록 하자.

'외국계 비서 편'에서는 외국계 비서만의 특성, 외국계 기업의 일반적인 정보, 레주메 작성법과 면접 전략에 관한 내용을 구성했으며 다양한 사례와 취업 관련 인터뷰 정보를 담았다.

'로펌 비서 편'에서는 로펌 비서만의 특성, 로펌 채용 시장 현황과 10대 로펌을 중심으로 한 취업 전략과 면접을 상세히 다루었다. 최근에 로펌에 합격한 지원자들의 인터뷰도 도움이 되리라 생각한다.

'국내 기업 비서 편'에서는 국내 기업 비서만의 특성, 국내 기업의 비서 채용 현황, 비서직의 종류, 이력서와 자기소개서 작성법과 특별 면접 유형에 대해 상세히 다루었다. 특히 비서직 맞춤형에 따른 자기소개서 작성법은 다양한 구성에 따라 선택해서 적용할 수 있도록 제시했다. 글을 읽다 보면 '여기서 잠깐!'이라는 작은 덧붙임 말이 있다. 조금 더 상세한 설명이 필요한 부분으로, 나의 생각과 경험을 통한 현실적인 이야기를 담아보고자 했다.

무엇보다 인터넷에서 접할 수 있는 검증되지 않은 양식에서 벗어나 '레주메와 커버레터', '이력서와 자기소개서'의 바른 작성법과 인터뷰 노하우 등에 대한 도움을 주고 싶었다. 이 책은 즉 합격을 위해 정답을 알려주는 것이 아닌 지원서 작성 및 면접의 핵심 포인트를 자신의 것으로 만들 수 있도록 모범적인 방향을 제시하고 있다. 획일적이고 모범적인 답변을 주입하기보다 자신만의 강점이 잘 살아날 수 있도록 아이디어를 줄 수 있는 '가이드 역할'이 필요하다고 생각했기 때문이다.

훌륭한 레주메와 커버레터, 참신한 이력서와 자기소개서, 면접에서의 매력적인 답변은 충분한 자아 성찰과 커리어에 대한 진지한 고민을 통해 완성된다. 그 과정에 있어서 여러분에게 좋은 멘토가 되어 도움이 될 수 있기를 기대해본다.

현재 나는 비서학과 학생들에게 강의를 하고, 예비 비서들의 취업을 위해 커리어 코칭을 하는 한편, 현직 비서들의 역량 강화를 위해서도 멘토링을 하고 있다. 학생들이 취업해서 열심히 근무하고 더 많은 역량을 키우며, '비서'라는 직업에 자부심을 갖고, 자신의 커리어를 발전시켜 나갔으면 하는 바람이 크다. 비서를 고용하고 있는 많은 기업에서도 비서에 대한 인식 변화와 함께 이들을 성장하는 인재로서 인정하며 더 많은 교육 기회를 부여한다면, 앞으로 대다수의 비서가 대체 불가한 조직 구성원으로 자리 잡으리라 생각한다. 앞으로도 비서 업계가 발전할 수 있도록 함께 노력하며 응원하겠다.

김민정

외국계 비서 편

PART1 외국계 비서가 되기 위해 이것부터 알아두자

CHAPTER1 외국계 비서, 무엇이 다를까? 28

01 외국계 비서로의 첫 도전 • 29 | 02 선호하는 외국계 기업과 비서 채용 트렌드 • 31 | 03 외국계 기업에 대한 폭넓은 정보력 갖추기 • 33 | 04 외국계 기업의 근무 환경 • 36 | 05 외국계 기업의 복리후생 • 40 | 06 외국계 기업의 비서 연봉 • 41 | 07 외국인 상사와 한국인 비서 • 43 | 08 외국계 비서만의 직무 • 45

SPECIAL PAGE 1 송신애 인터뷰 前 골드만삭스 팀비서 50

SPECIAL PAGE 2 주한 외국대사관과 주한 상공회의소 리스트 56

CHAPTER2 외국계 비서 전략적 취업 준비 60

01 외국계 기업이 공통적으로 원하는 비서 인재상 • 61 | 02 외국계 비서의 채용 정보 찾기 • 65 | 03 채용 공고 꼼꼼히 살피기 • 67 | 04 지원 업계에 대한 조직 문화 파악하기 • 72

궁금한 외국계 기업 비서 취업
: 미리 알아보는 10문10답

Q1 지원자들이 외국계 기업을 선호하는 특별한 이유는 무엇일
까요?

A1 가장 큰 이유는 자율적이고 수평적인 기업 문화 때문입니다.
한국에 진출해 있는 외국계 기업 중에는 실제로 이런 조직 문
화를 가진 기업도 있지만, 브랜드만 외국계일 뿐 실상은 국내
기업과 마찬가지로 보수적이고 수직적인 문화를 가진 기업도
많습니다. 지원 시 자신이 원하는 기업 문화인지, 열린 조직인
지 잘 살펴봐야 합니다.

Q2 영어 점수(TOEIC, TOFEL, TEPS 등)를 제출해야 하나요?

A2 해당 기업마다 차이는 있지만, 외국어로 면접을 보기 때문에
자연스럽게 면접 과정에서 외국어 실력을 평가합니다. 또한 면
접 당일, 문서 작성 혹은 작문 테스트를 하는 경우도 있으니 공
식 영어 점수를 표기하라는 사항이 없으면 안 해도 됩니다.

Q3 해외 대학 출신도 아니고, 어학연수 경험도 없습니다. 외국계
기업에 지원해도 될까요?

A3 당연히 지원 가능합니다. 업무에 필요한 언어적 능력을 보는
것이지 원어민 수준의 언어 능력을 원하는 것이 아니기 때문
입니다. 국내 기업 지원 시 국어 능력을 보지 않는 것과 같습니
다. 스피킹과 작문 위주로 실력을 쌓아서 지원한 다음 면접 때
자신의 능력을 스스로 평가해보는 것이 중요합니다.

Q4 외국계 기업은 야근이 없다고 들었는데 사실인가요?

A4 그렇지 않습니다. 많은 기업이 야근을 하고 있습니다. 외국계
기업 비서의 경우, 상사의 출퇴근에 맞춰져 있지 않고 정규 근
무 시간을 따르는 곳이 더 많지만, 이는 기업과 상사에 따라 유
동적입니다.

Q5 외국계 기업은 경력자만 지원 가능한가요?

A5 그렇지 않습니다. 보통 수시 채용으로 이루어지고 외국계 기업
의 특성상 바로 업무에 투입할 수 있는 직원을 원하기 때문에
대부분 경력자를 원하는 것은 사실입니다. 하지만 1년 정도의
직무 경험을 원하는 곳이라면, 인턴 경험과 잠재력 있는 신입
의 지원도 추천합니다.

Q6 2~3년제 전문대학 졸업생입니다. 외국계 기업에 지원해도 될
까요?

A6 100% 영어로만 면접을 보는 외국계 기업은 해외에서 선발하
는 채용 기준과 동일하며, 비서직의 경우 2~3년제 전문대학부
터 지원이 가능한 곳도 많습니다. 출신 학교보다는 능력 중심
의 채용 선발을 우선으로 둡니다. 하지만 학력의 고高스펙화로
채용 결과를 보면 4년제 졸업생의 비율이 상당히 높은 편입니
다. 따라서 비서 직무와 관련한 경력과 자기계발을 통해 경쟁
력을 키우는 것이 바람직합니다.

Q7 채용 과정은 어떻게 이루어지나요?

A7 보통 외국계 기업의 채용은 '서류 지원, 국내 실무진 면접, 해외
임원 면접, 인사부 면담, 채용 확정'의 순서로 진행됩니다. 하지
만 비서직은 한국 지사에서 근무하는 상사와 함께 근무하기
때문에 국내 실무진과 예비 상사로 구성되어 1차 면접으로 채
용 과정이 마무리되는 경우가 많습니다. 기업에 따라 영작문과
문서 작성 실력을 테스트하기 위해 케이스 문제를 제시하는
곳도 있습니다.

Q8 단순 업무만 해서 영문 이력서에 기재할 내용이 없는데, 솔직
하게 써야 할까요?

A8 이력서는 과장되거나 허위 이력 없이 솔직하게 써야 합니다.

다만 센스를 발휘해서 단순 업무라 해도 그대로 쓰기보다는
비서 업무와 연관 지어 자신의 성과와 실력을 과감하게 표현
하는 것이 좋습니다.

Q9　외국계 비서와 국내 기업 비서의 직무 내용이 차이가 많이 나
　　　나요?

A9　기업의 형태가 다르더라도 기본적인 비서 직무는 비슷하기 때
　　　문에 큰 차이가 있다고 할 수는 없습니다.

Q10　외국계 비서로서 가장 필요한 자질은 무엇일까요?

A10　능동적이고 자신의 의견을 잘 표현할 줄 아는 자세가 필요합
　　　니다. 한국인의 특성상 조직에서, 더욱이 상사 앞에서 자신의
　　　의견을 내는 것을 상당히 어려워하고 예의가 아니라고 생각합
　　　니다. 하지만 외국계 기업은 상사에게 비서로서 자신의 의견을
　　　제시하며 주도적으로 업무를 이끌어가는 사람이 더 인정받을
　　　수도 있습니다.

궁금한 로펌 비서 취업
: 미리 알아보는 10문10답

Q1   10대 로펌의 순위는 어떤 것을 근거로 하나요?

A1   변호사 수로 정해집니다. 해마다 순위 변동이 있기 때문에 큰
의미를 부여할 필요는 없습니다.

Q2   로펌 비서는 나이 제한이 있다고 들었습니다. 나이가 많은데
지원해도 될까요?

A2   24~26세의 취업 준비생이 로펌에 취업하는 비율이 높은 편이
지만, 취업 연령이 늦어지고 경력자 채용도 증가하고 있기 때
문에 20대 후반까지 신입에 도전해볼 만합니다.

Q3   보통 여대 졸업생을 선호한다고 하는데, 여대가 아닌데 지원해
도 될까요?

A3   네, 지원해도 좋습니다. 최근에는 출신 학교가 매우 다양해지
고 있으며 그런 부분을 개의치 않는 추세입니다.

Q4   전문대학(2~3년제) 졸업 예정자인데 지원 가능할까요?

A4 네, 지원해도 됩니다. 채용 공고에 지원 자격이 전문대학(2~
3년제) 이상인 로펌이라면 당연히 지원할 수 있으며 도전해야
합니다. 자신의 강점과 경쟁력이 잘 드러날 수 있도록 준비하
는 사람에게 취업의 문은 활짝 열려 있습니다.

Q5 편입을 했는데, 서류 전형에서 불이익이 있을까요?

A5 로펌에 따라 다릅니다. 하지만 공통적으로 편입 전과 후의 학
점은 평가 대상이 될 수 있습니다. 제가 할 수 있는 조언은 현
실적으로 바꿀 수 없는 문제를 고민하기보다는 편입하게 된
이유와 편입해서 좋았던 점 등과 관련한 긍정적인 모습과 자
신감을 표현하는 것입니다.

Q6 채용 과정이 어떻게 이루어지나요?

A6 로펌에 따라 다릅니다. 대부분 공통적으로 서류 전형을 거쳐 1차
와 2차 면접으로 이루어집니다. 하지만 1차 면접에서 최종 선
발하는 로펌도 있습니다.

Q7 서류 전형 시 어떤 점이 가장 중요한 요소인가요?

A7 해당 로펌에서 원하는 인재상이 있을 수 있습니다. 로펌에서
원하는 이미지와 잘 맞는지 1차적으로 판단 가능한 사진, 성실
성을 판단하는 학점, 어학 능력, 비서로서의 자질을 판단할 수
있는 경험과 활동, 경력 등을 위주로 평가합니다.

Q8   면접에서 중요한 평가 요소는 무엇일까요?

A8   로펌과 국내 기업의 비서 면접은 그 사람이 해당 기업에 입사
해서 얼만큼 성실하게 일하고 다른 직원들과 무리 없이 직장
생활을 할 수 있는지 인성 위주로 판단하는 만큼 면접에서 첫
인상과 태도, 표정, 말투 등이 상당히 중요합니다.

Q9   영어 면접도 있나요?

A9   이 부분도 로펌에 따라 상이하며 특별한 경우가 아니면 비율
이 높지 않습니다. 외국인 변호사가 면접관으로 참여해 영어
면접이 이루어질 때도 있으며 영문 타이핑, 영작과 번역 테스
트 등을 할 수도 있습니다. 이 부분은 사전에 해당 로펌에서 채
용 공고에 명시하기 때문에 참고하면 됩니다.

Q10   로펌 비서라는 직종이 조금 생소한데, 법률 용어 등을 미리 공
부해야 하나요?

A10   일상적인 생활 법률 용어는 알고 가는 것이 좋습니다. 입사해
서 필요한 교육을 받기 때문에 면접에서 이와 관련해서 부담
이 있는 것은 아닙니다. 하지만 로펌과 관련한 비서 서적을 읽
어보는 것도 면접 시, 의외로 빛을 발할 수 있습니다. 기업의
입장에서는 로펌에 관심이 있고, 전문성을 갖췄다는 인상과 함
께 호감도가 상승할 것입니다.

Q1 비서 취업에 필요한 자격증은 무엇인가요?

A1 어학 점수는 서류 전형 때 평가의 도구로 활용되기 때문에 기본적으로 점수를 가지고 있는 것이 좋습니다. 비서 업무 중 문서 및 데이터 작업 등은 기본적으로 요구되는 능력으로 컴퓨터 활용과 관련한 자격증도 도움됩니다. 회계와 영어 외에 제2외국어 등의 자격증은 직무에 필요한 경우가 아니면 당장 필요하지는 않습니다. 하지만 자기계발을 위해 공부한다면 기회가 왔을 때 도움이 될 것입니다.

Q2 정규직이 아닌 파견직/계약직도 괜찮은 건지 결정을 못하겠어요.

A2 정규직이 아니라 파견 또는 계약직은 안 좋다는 생각을 하지 말고 '경험'이 곧 '경력'이 될 수 있다는 사실을 먼저 생각하기 바랍니다. 대기업 비서 또는 사무행정 포지션은 거의 파견직으로 채용합니다. 다양한 기업 형태의 비서직을 경험한 다음 본인만의 커리어패스career path를 세워나가야 합니다. 계약직이

라면 정규직으로 고용되는 것이 바람직하지만, 현실적으로 비서직은 파견직과 계약직이 증가하고 있습니다. 전환될 가능성은 낮지만 아예 없는 것은 아니니 입사해서 최선을 다하길 바랍니다. 하지만, 계속해서 경력을 이어나가길 원하고, 경력 관리를 철저히 하고 싶다면 지속적인 계약이나 파견직의 커리어 패스는 신중히 검토해보시길 바랍니다.

Q3   비서가 되기 전에 가장 고려해야 할 사항이 무엇인가요?

A3   비서 업무에 대한 공부가 필요합니다. 그다음 해당 업무를 잘 수행할 수 있는지, 자신이 누군가를 위해 보좌할 수 있는 성향과 마인드를 갖추고 있는지 고려해야 합니다.

Q4   오너비서가 되고 싶은데 신입도 가능한가요?

A4   네, 가능합니다. 평균적으로 오너비서는 경력직을 선호하는 편이지만 신입을 채용하는 경우도 있습니다. 단, 경력자와 견주었을 때 비교될 만한 경쟁력(인턴 경험, 어학 능력 등)을 갖추는 것이 중요합니다.

Q5   채용 절차는 어떻게 되나요?

A5   공통적으로 서류 전형을 거친 다음 1차 실무자, 2차 임원 면접으로 이루어집니다.

Q6 이력서와 자기소개서가 차별화되어야 한다고 하는데, 너무 평범해서 걱정입니다.

A6 평범함의 기준은 모두 다르지만 취업을 준비할 때 다른 사람과 비교하기 시작하면 소심해질 수밖에 없습니다. 또한 다른 취업 준비생들처럼 어학연수를 다녀오지도 않았고, 교환 학생 경험이 없는 것을 걱정할 필요도 없습니다. 본인이 학창 시절 다양한 활동을 하면서 무엇을 배우고 느꼈는지, 왜 비서직이 자신한테 적합한지가 더 중요하기 때문입니다. 평범하다는 것이 아무것도 준비하지 않은 채 취업을 하려는 사람을 뜻하지는 않습니다. 어떤 이유에서든 평범함 안에서 자신만의 이야기를 할 수 있고, 준비된 사람임이 부각될 수 있으면 결코 평범한 이력서가 되지 않을 것입니다.

Q7 비전공자인데 무엇을 준비해야 하나요?

A7 비전공자로 취업해서 업무를 익혀도 크게 어려움은 없습니다. 하지만 업무에 적응한 다음부터 어려움이 찾아옵니다. 그 이유는 처음 업무를 시작할 때는 단순 업무를 익히기에 바쁘기 때문이죠. 비전공자라면 지인의 경험 또는 비서 실무 서적을 통해 기본적인 '비서에 대한' 이해가 필요합니다.

Q8 비서직의 장단점은 무엇인가요?

A8 장점은 가장 크게 본다면, 전문 비서로서의 성장 가능성입니다. 보좌 능력을 뛰어넘어 회사의 발전에 많은 영향력을 줄 수 있는 핵심 인재로 성장할 수 있습니다. 단점이라기보다는 직무 특성상 돌발 상황에 대한 대처 능력, 꼼꼼함과 세심함이 필요하기 때문에 항상 긴장감을 유지해야 합니다. 또한 자신의 실수가 개인의 업무로 끝나는 것이 아니라 상사 또는 팀원들에게 영향을 줄 수 있기 때문에 상황에 대처할 수 있는 유연함과 스트레스 관리가 필요합니다.

Q9 전문대학(2~3년)과 대학교(4년)의 학력 차이로 면접에서 차별이 있지 않을까요?

A9 없다고는 할 수 없습니다. 사회생활을 하게 되면 학력이나 학벌뿐만 아니라 다양한 사람들과 끊임없이 비교될 수밖에 없습니다. 하지만 이런 것을 긍정적으로 받아들여 자신에게 집중해 부족한 부분을 채워나가길 바랍니다. 면접에서는 자신만의 강점과 경쟁력이 돋보일 수 있도록 준비해야 합니다.

Q10 비서의 출퇴근 시간은 불규칙한가요?

A10 기업의 조직 문화와 상사에 따라 상이합니다. 보통 상사의 출근 전 집무실 정리 및 하루의 업무를 위해 준비하는 시간이 필요하기 때문에 다른 직원들에 비해 일찍 출근합니다. 퇴근은

정시 또는 업무가 마무리되는 대로 퇴근하는 경우와 상사가 퇴근할 때까지 함께 근무하는 경우도 있습니다.

정시 또는 업무가 마무리되는 대로 퇴근하는 경우와 상사가 퇴근할 때까지 함께 근무하는 경우도 있습니다.

외국계 비서 편

☑ *PART 1*

외국계 비서가 되기 위해
이것부터 알아두자

외국계 비서, 무엇이 다를까?

'비서 경력이 한 해 두 해 쌓이다 보면 전문 비서로서의 성장과 더불어 안정적일 거라는 생각을 했다. 하지만 열심히 일만 하다보니 어느덧 계약이 끝나 취업에 대한 고민에 다시 직면하게 되었다. 회사가 원망스럽기도 하지만 그동안 안일하게 미래를 준비하지 않은 스스로가 가장 원망스러웠다.' 이 글은 A 씨의 취업 상담 내용이다. 어떤 업계나 마찬가지겠지만 취업과 동시에 끝이 아닌 또 다른 시작임을 잊지 말자. 또 다른 성장 가능성의 기회를 가질 수 있는 곳, 외국계 기업의 취업 문을 두드려보자.

01 외국계 비서로의 첫 도전

비서직은 여성의 비율이 상당히 높은 편이다. 또한 현재까지도 여성들의 사회생활은 보이지 않는 천장에 갇혀 있으며 결혼 후 이어지는 육아와 같은 돌봄노동으로 인해 사회 활동을 견디지 못하거나 직업의 의미를 찾지 못하고 자신의 경력을 포기하는 경우가 많다. 특히 비서직은 함께 일하는 상사, 업무의 특성, 고용 형태에 따라 영향을 받는다. 국내 기업에서 근무하는 비서들의 가장 큰 현실적인 고민은, 경력과 나이가 증가하면서 느끼는 업무에 대한 정체성, 승진의 한계, 결혼과 출산으로 인한 무언의 압박 등이다. '비서'라는 직업에 대한 심리적 부담감을 안고 '이제는 스스로 퇴사를 준비할 시기구나'를 느끼고 있다는 점이 크다.

경력이 쌓이다 보면 누군가의 조언보다는 자신을 객관적으로 평가할 수 있는 능력은 생기지만, 현실적으로 많은 비서직군의 여성들이 경력유지에 어려움을 겪고 있다. 최근 한 취업 포털사이트의 조사에 따르면, 10명 중 7명 정도가 기회가 된다면 외국계 기업으로 이직하고 싶다는 결과가 나왔다. 이렇게 외국계 기업의 취업 희망자들이 증가하는 이유는, 기업의 이름만으로도 브랜드 가치를 인정받을 수 있으며, 글로벌 경쟁력과 전문성을 키우며 자신의 커리어를 발전시킬 수 있는 기회에 대한 긍정적인 기대를 할 수 있기 때문이다. 비서라는 직종도 마찬가지다.

최근 외국계 기업의 비서 선호도가 증가해 취업을 위해 무엇을 어떻게 준비해야 하는지, 어떤 스펙을 갖춰야 하는지 궁금해하는 경우가 많다. 하지만 외국계 기업의 비서에 대한 이해가 부족한 편이다. 먼저 이에 대해 간략하게 설명하자면, 외국계 기업의 비서는 외국인 상사를 보좌하며 비서의 기본적인 업무를 비롯해 상사가 한국 문화와 한국인 직원들 사이에서 빠르게 업무에 적응할 수 있도록 가교 역할을 담당한다. 업무의 특성상 아주 중요하고 핵심적인 보직에 있는 사람이라 할 수 있다.

막연히 외국계 기업의 입사를 높은 장벽으로 여기고 도전하기도 전에 꿈을 접는 지원자가 많다. 특히 외국인 상사와 많은 대화를 하며 보좌해야 하니 비서의 영어 실력이 '원어민 수준이 아니면 안 된다'는 편견에 사로잡혀 지원을 포기하는 인재도 많다. 나는 항상 이런 부분이 안타까웠다. 외국계 기업에서 원하는 비서는 단순한 영어 능력이 아닌, 다른 자질을 중요하게 평가하고 채용하기 때문이다. 이제 내가 전하는 유익한 정보와 현실적인 가이드를 바탕으로 자신감과 의지를 갖고 외국계 기업의 비서에 도전해보길 바란다.

외국계 기업이 국내 기업보다 좋을까? 반드시 그렇지는 않다. 경력을 쌓는 방법이 한 가지만 있는 것은 아니다. 국내 기업에서만 성공적으로 커리어를 만들어가는 사람도 있고, 국내 기업에서 외국계 기업으로 이직하거나 그 반대인 경우도 있다. 비서로 근무할 수 있는 다양한 기업의 정보를 제공함으로써 진로 선택의 폭을 넓히고 경력 개발에 도움을 주는 것에 의의가 있다.

02 선호하는 외국계 기업과 비서 채용 트렌드

취업 포털사이트 잡코리아에서 대학생 및 취업 준비생 2007명을 대상으로 '2016년 입사하고 싶은 외국계 기업'을 조사한 결과는 다음과 같다(32p 표 참조).

구글과 애플은 모든 전공 계열에서 높은 응답률로 각각 1, 2위를 차지하며 취업 준비생들에게 가장 입사하고 싶은 기업이 되었고, 지난해 트렌드와 비교해보면 화장품, 명품계열의 기업이 순위에서 많이 올라갔다.

아래의 기업들을 바탕으로 현재 비서 채용을 어떻게 하고 있는지 조사해봤다. 비서 채용의 트렌드를 살펴보면, 앞서 언급했듯이 수

순위	기업명	순위	기업명
01	구글코리아	16	이베이코리아
02	애플코리아	17	소니코리아
03	스타벅스코리아	18	프라다코리아
04	나이키스포츠	18(공동)	한국P&G
05	유한킴벌리	20	홈플러스
06	BMW그룹코리아	21	한국화이자제약
07	루이비통코리아	22	한국존슨앤드존슨메디칼
08	로레알코리아	23	한국지멘스
09	아디다스코리아	24	볼보그룹코리아
10	한국3M	25	GE코리아
11	한국마이크로소프트	26	구찌그룹코리아
12	아우디폭스바겐코리아	27	도레이첨단소재
12(공동)	코스트코코리아	28	도쿄일렉트론코리아
14	한국시티은행	29	한국IBM
15	한국SC은행	30	캐논코리아슈머이미징

* 홈플러스의 경우 2015년 8월 국내 사모펀드 MBK파트너스가 홈플러스를 인수함에 따라 더 이상 외국계 기업이 아니다.

시 채용으로 이루어지고 있어 입사한 즉시 비서 업무에 투입할 수 있는 인재를 원하는 기업이 늘고 있다. 따라서 졸업 예정자보다는 졸업자를 선호하고 있다. 대부분의 기업이 서치펌을 통해 고용하고 있는 상황이며, 고용 형태는 계약직과 정규직이 주를 이룬다. 경기가 안 좋아지면서 계약직의 고용 형태가 증가하고 있는 추세다. 하지만 외국계 기업은 계약직이라도 국내 기업의 비서 고용 형태보다는 정규직으로 전환될 수 있는 가능성이 높은 편이다.

원하는 기업이라면 계약직으로 시작해 경력을 쌓는다는 의미로 접근하는 것도 좋으며, 입사 후 최선을 다해 자신의 열정과 능력을 보여주도록 하자. 해당 기업의 사정상 어쩔 수 없이 계약이 종료되어 퇴사하더라도 업무를 대하는 태도, 인성, 능력 등을 인정받은 직원은 직장 선배와 상사로부터 추천을 받아 좋은 곳으로 이직할 수 있는 가능성이 크다. 비서직 T/O Table of Organization(조직에 필요한 최소 구성 인원을 의미)가 잘 나지 않기 때문에 미리 지원이 가능하다면 채용 홈페이지를 통해 제출하는 편이 좋다.

03 외국계 기업에 대한 폭넓은 정보력 갖추기

구직자들이 선호하는 외국계 기업의 비서 채용 트렌드에 대한 궁금증이 해소되었다면, 이제부터는 외국계 기업에 대한 정확하고 폭넓은 정보력을 갖춰야 한다. 외국계 기업은 공채보다는 수시 채용으로 필요한 소수 정예만을 선발하기 때문에 언제 몇 명의 인원을 채용하는지에 대한 정보력이 정말 중요하다. 정보력만 있어도 입사할 수 있는 가능성이 높아진다는 말이다. 국내에 진출한 외국계 기업은 대략 1만6,000개 정도 된다. '외국계 기업이 이렇게 많아!' 하면서 놀랄 수도 있지만, 반대로 생각하면 우리는 그만큼 광고에 노출된 기업과 실생활에서 접하는 제품을 출시하는 익숙한 기업, 누구나 다 알고 있는 유명한 기업에만 관심을 가지고 있다는 것을 의미하기도 한다.

최근에 많은 취업 준비생과 대화를 나누면서 이런 생각을 하기도 했다. 취업난이 극심하다고 하지만 많은 취업 준비생이 대기업 또는 유명한 글로벌 기업과 고용 형태가 정규직이 아니면 아예 처음부터 관심을 두지 않는다는 것이다. 하지만 외국계는 경력 싸움이다. 처음 들어보는 유럽계 은행이라도 더 높은 연봉과 복리후생이 지원될 수 있다. 채용 공고를 확인할 수 있는 다양한 경로를 파악해(외국계 채용 정보 편 참고) 기업의 네임 밸류name value보다는 기업의 안정성, 성장 가능성, 비서의 직무 내용, 복리후생 등을 꼼꼼하게 살펴보는 것이 필요하다. 또한 국내의 외국계 컨설팅 기업에도 관심을 가져보자. 컨설턴트가 컨설팅 업무에 집중하기 위해서는 행정, 경영지원 업무의 협조와 보좌가 필요하다. 물론 채용 공고를 통해 확인해도 자신이 잘 모르는 생소한 기업에 지원한다는 게 망설여질 수도 있다. 하지만 성공적인 취업을 원한다면, 발로 뛰어 정보를 수집하는 적극적인 자세가 필요하다.

2015년 〈포브스Forbes〉에서 선정한 세계적으로 영향력 있는 100대 기업 중 국내에 진출한 외국계 회사를 정리했다. 아래의 표를 살펴보고 이름이 생소한 회사가 있다면 회사의 홈페이지에 들어가서 관심 있게 살펴보고 취업할 수 있는 기회를 넓혀보기 바란다.

2015 The world's most valuable brands

순위	브랜드	업종	한국지사 (Yes/No)
01	Apple	Technology	Y
02	Microsoft	Technology	Y
03	Google	Technology	Y
04	Coca-Cola	Beverage	Y
05	IBM	Technology	Y
06	McDonald's	Restaurant	Y
07	Samsung (한국기업)	Technology	−
08	Toyota	Automotive	Y
09	General Electric	Diversified	Y
10	Facebook	Technology	Y
11	Disney	Leisure	N
12	AT&T	Telecom	N
13	Amazon.com	Technology	N
14	Louis Vuitton	Luxury	Y
15	Cisco	Technology	Y
16	BMW	Automotive	Y
17	Oracle	Technology	Y
18	NIKE	Apparel	Y
19	Intel	Technology	Y
20	Wal-Mart	Retail	N
21	Verizon	Telecom	N
22	American Express	Financial Services	Y
23	Honda	Automotive	Y
24	Mercedes-Benz	Automotive	Y
25	Budweiser	Alcohol	N
26	Gillette	Consumer Packaged Goods	Y
27	Marlboro	Tobacco	Y
28	SAP	Technology	Y
29	Pepsi	Beverage	Y
30	Visa	Financial Services	Y

출처: Forbes(http://www.forbes.com/powerful-brands/list/)

국내의 일부 외국계 컨설팅 관련 기업명	국내 일부 외국계 부동산 컨설팅 기업명
McKinsey&Company	CBRE
The Boston Consulting Group	Cushman&Wakefield
Bain&Company	Jones Lang LaSalle
Arthur D Little	Regus
Accenture	Savills
Ernst and Young	DTZ
Deloitte(안진)	
PricewaterhouseCoopers(삼일)	
KPMG(삼정)	

또한 〈포춘Fortune〉지에서도 매년 매출 이익, 영업 등을 분석하고 있으니 세계 2000대 기업 중 관심 있는 업종이나 브랜드를 선정해 홈페이지에서 국내 지사가 있는지의 여부를 확인한다. 그다음 인재 풀pool을 통해 레주메와 커버레터를 제출해서 미리 지원하는 것도 좋은 방법이다.

04 외국계 기업의 근무 환경

외국계 기업의 근무 환경과 관련해 많은 사람이 "정말 자율적인 분위기인가요?"라는 질문을 한다. 그렇다면 자율적인 분위기란 어떤 것을 의미할까? 아마도 암묵적으로 휴가를 자유롭게 쓸 수 있는지를 궁금해하는 것이 대다수인 것 같다. 사실 많은 비서가 여성이면서 결혼과 임신 계획, 육아 휴직에 대해 고민하고 있다면, 눈치 보지 않고 휴가를 당당히, 자유롭게 쓸 수 있는지의 여부가 가장 궁금할 것이다. 결론부터 말하자면, 외국계 기업의 직장인들은 연차, 병가, 여름과 겨울 휴가를 자율적으로 사용하는 것에 매우 익숙하다.

물론 휴가를 신청할 때 상사의 승인을 받고, 장기 휴가의 경우 부서 내 업무상의 스케줄을 상의하지만 눈치를 보거나 죄책감을 느끼는 분위기는 전혀 아니다. 오히려 폭우나 폭설이 쏟아지는 날에는 직원들의 안전한 귀가를 우선시하며 상사의 재량에 따라 조기 퇴근을 권장하는 기업도 있다.

이처럼 우리가 외국계 기업을 선호하는 가장 큰 이유는 글로벌한 근무 환경의 기준, 업무의 다양성과 커리어를 발전시킬 수 있는 기회가 열려 있기 때문일 것이다. 비서로서 근무하면 사무 환경의 개선을 위해 책상부터 벽지의 교체까지 헤드쿼터와 상의하고 협의하는 업무를 담당하게 된다. 이 모든 것은 헤드쿼터의 가이드라인에 따라 결정되고 승인을 받아야 하는 것이 내부 규정이다. 이런 이유로 전 세계 지사별로 규모와 분위기가 약간씩 차이는 있지만, 대부분 비슷한 근무 환경을 갖추고 있다. 글로벌 기준에 맞춰 업무를 지원하고 환경을 마련해주는 것은 직원들로 하여금 기업에 자부심을 느끼게 하고 업무에 대한 만족도를 향상시켜주기 때문이다.

외국계 기업의 비서는 임원 소속 비서이거나 팀 비서 형태가 주를 이룬다. 팀원 회의에도 참석해 부서 상황과 업무의 흐름을 파악해야 하며, 비서로서의 역량을 인정받은 후에는 다양한 프로젝트에도 참여할 수 있다. 또한 자신의 아이디어를 발전시켜 업무의 스펙트럼을 넓히는 것도 가능하다. 외국계 기업은 능동적인 자세로 임한다면 누구에게나 커리어를 발전시킬 수 있는 기회가 있으니, 그것을 발판으로 자신을 역량을 키워나가면 좋다.

마지막으로 한국에 진출한 외국계 기업의 비서는 회계 또는 IT 교육을 헤드쿼터가 자리 잡고 있는 국가를 포함해 홍콩 또는 방콕 등 동남아시아 쪽에서 트레이닝을 받을 수 있는 기회가 주어지기도 한다. 트레이닝을 통해 글로벌 업무의 경쟁력을 갖춘다면 해외 지사에서 근무하거나 다른 포지션으로의 승진 또한 가능하지만, 솔직히 현재로서는 그 비중이 높은 편은 아니다. 한편 외국계 기업 중에도 국내 중소기업 정도의 근무 환경이며 임원급을 제외한 80% 이상이 한국 직원으로 구성되어 있는 기업도 상당수에 이른다. 그러니 입사 지원서를 제출할 때 기업의 규모와 구조, 성과 중심의 합리적인 승진 제도를 갖추고 있는지, 직원들의 맨파워를 인정해주는 기업인지 등을 판단하는 것이 중요하다. 아는 만큼 보인다고 하지 않는가. 많이 알수록, 정보가 많을수록 원하는 기업에 입사할 가능성이 커지는 것은 물론이다.

여기서 잠깐!

이 책은 국내에 가장 많은 미국계 기업을 기준으로 서술했다. 미국계 기업은 자유로운 근무 환경을 지향하고 보장하는 대신 성과 중심의 조직 문화가 강해서 업무 성과가 좋지 않을 경우에는 해고의 위험도 있다. 하지만 비서 포지션은 이윤 창출과 직결된 직군은 아니라서 자신의 업무만 성실히 한다면 크게 문제되지는 않을 것이다. 일본계 기업은 국내 기업과 비슷하게 업무량이 많은 편이며, 세심하고 꼼꼼한 업무 처리를 중요하게 생각한다. 밤 10시 이후 야근할 경우 심야야근 절차를 통해 노조와 상사의 승인을 받아야 하는 기업도 있다. 휴가는 일본과 한국의 공휴일 중 회사 내규에 따라 휴무일 수에 맞게 쉰다.

마지막으로 많은 취업 준비생이 최근에 영어만큼 열심히 하는 언어가 중국어다. 이제는 세계적인 리딩leading 기업으로 중국 기업이 많아지고 있기 때문이다. 중국계 기업의 가장 큰 장점은 고용 안정성이다. 2013년 12월 12일 〈월스트리트저널Wall Street Journal〉에 중국에 진출한 외국계 회사들이 인재를 영입하기 위해 경쟁이 치열하다는 'In China, Foreign Firms Battle Locals for Top Workers'이라는 기사가 실렸다. 외국계에서도 탐낼 만한 인재인 야징 웬Yajing Wen은 인터뷰에서 중국의 인재들이 외국계 기업을 선택하지 않고 중국 기업을 선택하는 이유가 바로 고용의 안정성이며, 큰 이변이 없는한 직원들을 해고하지 않는다고 했다. 또한 중국계 기업은 남녀평등을 중시하고 여성의 인력 배치가 높은 편이다.

05 외국계 기업의 복리후생

한국에 진출한 외국계 기업은 국내 법규에 따른 4대보험 가입과 복지 조건을 충족시켜야 하기 때문에 기본적인 혜택을 보장 받을 수 있다. 그 외에도 휴무휴가, 생활편의 지원, 보상제도 등은 글로벌 규정에 따라 제공한다.

　　예를 들면, 가족친화 경영을 우선으로 두고 시차출퇴근제, 재택근무가 가능한 스마트 워크를 실시하는 기업도 있다. 구내식당에서 무료 식사와 간식을 제공하고, 심부름센터 이용권, 3개월 무급 휴가 등 직원들의 편의와 근무 환경 개선, 획기적인 복지 혜택을 제공하는 외국계 기업도 있다. 많은 외국계 기업에서 기업들만의 개성 있는 복지를 확대하는 추세이긴 하지만, 대부분 한국에 진출한 외국계 기업은 비교적 규모가 크지 않고 근로자 수가 적기 때문에 일부 국내 대기업에서 제공하는 임직원 할인 및 직장 어린이집과 같은 부가적인 혜택을 기대하기는 어렵다. 또한 외국계 기업마다 출산 휴가와 육아 휴직 기간 등 업무 규정이 다르기 때문에 잘 살펴보는 것이 좋다.

하지만 여름과 겨울 장기 휴가, 탄력적인 근무와 점심시간 제도, 해외 본사와 지사에서의 교육 프로그램 등 글로벌한 경쟁력을 쌓을 수 있는 기회가 비교적 많은 편이다. 만약 연봉보다 복리후생을 중요하게 생각하는 지원자라면, 직장 생활을 하면서 만족감을 느낄 수 있는 복지 혜택을 위주로 기업을 고려해보는 것도 도움이 된다.

여기서 잠깐!

그렇다면 유럽계 기업의 복리후생은 어떨까? 유럽계 기업은 각종 직원들에 대한 보상 제도와 인센티브, 사내외적으로 혜택이 많은 것으로 유명하다. 또한 자신이 맡은 특정 분야에 대한 전문성을 요구하는 것이 특징이다. 미국계 기업처럼 성과 중심주의는 아니지만 능력에 따른 보상은 물론이고 복리후생 제도가 체계적으로 잡혀 있는 것이 장점이다.

06 외국계 기업의 비서 연봉

외국계는 직원 복지가 좋기 때문에 연봉도 굉장히 높을 거라고 기대하는 사람이 적지 않다. 하지만 국내 대기업의 비서직 초봉이 3천만 원 초반대인 것을 생각하면, 이와 비슷하거나 더 적은 곳도 많다. 외국계 기업의 경우 공채가 아닌 소수 채용이기 때문에 정확한 초임을 확인하기는 어렵다. 인터뷰를 통해 자신의 연봉을 공개한 비서들을 참고하기 바란다. 외국계는 포지션 자체가 업무의 가중치에 따라 Secretary, Team Assistant, Administrative Assistant, Office Manager 등으로 직무에 따라 명칭이 다양하다. 직원 수가 많지 않은 경우, 비서라는 포지션 없이 일반 행정 업무가 주를 이루며, 기본적인 비서 업무만 하는 여직원을 채용하기도 한다.

일본계 자산운용 기업의 경우에는 대학(2~3년제) 출신의 여직원이 2천만 원 후반의 연봉을 받으며 현재 근무하고 있다. 또 다른 미국계 증권사 10년 차 비서 과장의 연봉은 4천만 원 후반이었다. 신입은 비서와 인사 업무 또는 비서와 회계 업무를 동시에 하며 2천만 원 후반의 연봉을 받고 있다. 외국계 로펌의 신입 초봉은 3천만 원 초반, 5년 차 경력 비서는 4천만 원 초반으로 회계 업무가 상당 부분을 차지하고 있으며, 대표와 일반 변호사를 지원하는 업무와 내방객 응대, 일정 관리, 예약 업무 등을 담당하고 있다.

여기서 잠깐! ━━━━━━━━━━━━

기업에 따라 다르지만 Secretary와 Administrative Assistant가 기업에 같이 있다면 두 직책에 대한 차이점을 이해하는 것이 좋다.

Secretary는 비서의 기본적인 업무(전화 응대, 일정 관리, 내방객 응대, 예약 업무, 출장 관리, 경조사 업무)의 비중이 높다면, Administrative Assistant는 팀을 이끌어갈 수 있는 리더십과 문제 해결 능력이 조금 더 요구된다. 기본적인 비서 업무는 당연히 포함되며, 연간 예산 계획 등 회계 업무의 비중이 높은 편이다. 한마디로 팀의 살림을 담당한다고 생각하면 된다. 하지만 직책의 명칭을 Secretary 또는 Administrative Assistant라고 해서 하는 일에 제한을 둘 필요는 없다. 먼저 자신의 고유한 업무를 능숙하게 처리할 수 있는 경력이 쌓이면 조금씩 새로운 업무에 도전하는 것이 필요하다. 새로운 업무를 통해 자신의 업무 영역을 확장시키고 능력도 업그레이드할 수 있다. 옛말에 고여 있는 물은 썩는다고 했다. 끊임없이 자신을 발전시키고자 하는 노력이 뒷받침될 때 어느 조직에서나 꼭 필요한 사람으로 인정받을 수 있다.

07 외국인 상사와 한국인 비서

외국계 기업의 비서로 일한다는 것은 '외국인' 상사를 보좌해야 한다는 말이다. 한국인 비서는 가장 먼저 해야 하는 일이 있다. 바로 외국인 상사가 한국 문화와 기업의 조직 문화를 제대로 이해할 수 있게 조력자의 역할을 해야 한다. 이런 부분을 제외하고는 상사가 외국인이라는 것과 외국어로 소통을 한다는 것 외에는 국내 기업과 크게 다른 점은 없다. 상사의 성향에 따라 업무나 대화하는 스타일이 다르고, 이에 맞추는 것은 국적과는 아무 상관이 없기 때문이다. 예를 들면, 미국인 상사이지만 아이컨택eye contact을 안 하는 상사도 있고, 매우 권위적인 사람도 있다.

다만, 외국계 기업의 비서들이 공통적으로 느끼는 점은 상사를 대하거나 의견을 제시할 때 조금 더 편안하고 어려움이 덜하다 것과 업무 외적인 부분에 대해서는 자신, 즉 상사가 스스로 하려는 경향(상사의 차 대접, 개인 고지서 처리 등)이 높다는 점이다. 이는 수평적인 조직 문화가 형성된 외국계 기업의 특성 중 하나로 생각하면 된다.

사람의 성향을 배제한다면 대체로 영어권 국가의 상사들과는 거리감 없이 직장 동료의 개념으로 편하게 지내는 경우가 많은 편이다. 하지만 아시아계 기업에서는 상사와 비서 간의 상하 관계가 조금 더 엄격하고, 보수적 성향이 많으니 참고하자.

사례1

일본인 상사와 일하는 신입 비서 A씨는 특정 업무를 지시 받고, 센스 있게 지시 받지 않은 자료까지 참고용으로 책상에 두었다. 그런데 상사는 굉장히 화를 내며 자신이 지시한 자료만 가져오고, 앞으로 불필요한 행동은 삼가달라는 경고를 받았다. 하지만 이런 사례만 가지고 일본인 상사가 모두 그렇다고 단정할 수는 없다. 상사가 어느 나라 사람이든 신입 비서는 상사의 성향과 취향을 제대로 파악하고 그에 맞취나가는 자세가 필요하다.

여러 명의 외국인 상사를 보좌해본 경험으로 볼 때 소통의 중요성은 굉장히 크다. 이 역시 상사의 성향에 따라 다르지만, 대부분 비서와 격의 없이 먼저 이야기를 꺼내거나 좋은 관계를 유지하고 싶어한다. 자신의 집에 직원들을 자주 초대해 음식을 대접하며 업무가 아닌 다양한 주제로 대화를 즐기는 상사도 있고, 직원들과 친구처럼 지내고 싶어서 먼저 노력하는 상사도 있다. 그럴 경우 한국인 비서도 이에 맞는 오픈 마인드로 대화를 먼저 이끌어가는 등 소통 능력이 중요하다.

외국인 상사만 혼자 말하고 한국인 비서는 짧게 대답하는 소통은 두 사람 간의 관계에 한계가 있기 때문이다. 우리의 정서로는 상사라는 존재가 부담스럽고 어렵다. 이때는 영어를 잘하는 회화 능력보다 적극적으로 관계를 이끌어가려는 노력이 변화를 가져올 수 있다. 외국인 상사와 자연스럽게 소통함으로써 외국인 상사와 일하는 즐거움과 함께 외국계 비서만이 느낄 수 있는 장점을 누려보길 바란다.

08 외국계 비서만의 직무

비서의 직무는 어느 기업이나 비슷하다고 할 수 있다. 비서의 수명 업무라고 하는 여섯 가지(내방객 응대, 전화 응대, 일정 관리, 출장, 예약, 경조사 업무)를 기본적인 직무라고 본다. 그렇다면 외국계 비서는 이것 말고 어떤 특별한 직무가 있을까?

❶ Arrival & Departure Process

보통 한국에 부임하는 외국인 상사의 임기는 3년 정도며, 길게는 1년을 연장해서 4년 정도 된다. 3~4년에 한 번씩 이루어지는 업무지만, 팀 비서면서 한 부서에 외국인 상사가 여러 명이고 부임 시기가 모두 다르다면, 매년 해야 하는 업무가 될 가능성도 높아진다. 새로운 상사가 부임하기 전 비서가 처리하고 체크해야 할 업무는 상당히 많다. 보통 예산과 관련해 먼저 확인해야 하는 사항이 있다.

예를 들면, 한국 지사로 부임한 다음 한국어 트레이닝을 받을 계획인지, 받는다면 사무실에서 받고 싶은지 학원에서 받고 싶은지 확인해야 한다. 가족 또는 애완견과 동반해서 들어오는지, 숙소 문제 등도 확인해야 한다. 함께 일하는 직원들에 대한 자기소개서를 업데이트해 정보를 미리 제공하는 센스도 필요하다. 미리 사진으로 직원들의 얼굴을 익히고 각 팀원들이 담당하는 업무를 숙지할 수 있기 때문이다. 마찬가지로 회사 전체의 조직도와 각 부서의 현황 등도 미리 알려준다면 부임하자마자 어색하지 않고 직원들과 친해질 수 있는 시간을 단축할 수 있다.

한국에서 임기를 마치고 본사 또는 다른 지사로 갈 경우에는 Departure Process를 진행해야 한다. 출장 업무와 비슷하게 기본적으로 비행기 티켓을 예약 후 확인하고 거주지의 짐 정리부터 송별회 등 한국 지사에 대해 좋은 기억을 가지고 떠날 수 있게 하는 일은 비서만의 특권이라 할 수 있다.

❷ 본사와 한국 지사 간의 소통 창구

앞서 언급했듯이 정기적으로 상사가 바뀌는 상황에서 비서는 본사와 한국 지사를 연결하고 소통하는 창구로서의 역할은 정말 크다. 출장, 트레이닝, 구매, 인사관리 등 거의 모든 업무에서 본사의 승인이 반드시 필요하기 때문에 본사와의 커뮤니케이션 능력은 정말 중요하다. 그 능력이 탁월할수록 지사의 살림을 잘 이끌어간다고 할 수 있다.

내년도 예산을 결정하는 과정에서 상사의 능력도 중요하지만, 한국 지사 안에서도 자신이 일하는 부서가 경쟁력을 갖기 위해 본사로부터 예산을 확보하는 것이 중요하다. 예를 들면, 팀원이나 상사의 출장이 타당성 여부를 판단하는 과정에서 누락되어 본사로부터 반려되는 경우도 많다. 이럴 경우 비서는 원하는 결과를 얻기 위해 훌륭한 커뮤니케이터가 되어 상사의 조력자로서의 역할을 충실히 수행해야 한다.

❸ 화상 회의 지원 업무

본사가 해외에 있기 때문에 화상 회의의 빈도가 높은 편이며, 시차가 많이 날수록 화상 회의에 더 각별히 신경 써야 한다. 화상 회의가 비서들의 근무 외 시간에 이루어질 경우 화상 회의에 필요한 기기에 대한 매뉴얼을 숙지하고 완벽하게 세팅해서 문제가 없도록 철저하게 준비해야 한다. 비서가 없을 때 화상 회의가 진행되는 만큼 기기에 문제가 발생했을 때 IT 부서의 지원이 가능한지의 여부도 미리 확인해야 한다. 또한 본사 혹은 다른 해외 지사와의 시차를 정확하게 확인해서 한국 시간에 맞춰 실수 없이 공지해야 한다.

❹ 출장 지원 업무

외국계 기업은 출장을 자주 가기 때문에 이와 관련한 업무가 많은 편이다. 본사에서 한국으로 출장 오는 직원도 많아서 그들의 출장 업무를 지원하는 경우도 많다. 예를 들면, 회사 근처의 호텔 예약에서부터 실무 담당자와 논의해서 출장자의 일정표를 작성한다. 그다음 한국 지사에서 필요한 모든 문서, 한국 문화와 관련한 책자, 관광지와 쇼핑 정보, 호텔과 회사 주변의 지도, 교통편 정보까지 취합한다. 마지막으로 한국으로 출장 온 직원이 호텔에서 체크인을 할 때 취합한 정보를 받아볼 수 있게 준비해서 호텔에 전달한다.

❺ Time Keeper

같은 팀 직원과 상사의 출퇴근 시간, 휴가 등을 체크해서 헤드쿼터로 정보를 보내는 역할을 한다. 일반적으로 회사 프로그램을 통해 정보를 기입하며 월급, 야근수당, 연차 등과 관련된 것이므로 실수 없이 정확하게 처리해야 한다.

부서에 한국의 데일리 뉴스를 요약해주는 것과 비슷한 업무를 하는 직원이 없다면, 비서의 업무로 만들어보자(참고로 이 업무는 필수 업무는 아니다). 주제는 기업이나 부서와 관련된 기사를 조사한 다음 링크와 함께 업무에서 사용하는 해당 외국어로 내용을 요약한다. 그 내용을 상사와 본사의 업무 관계자에게 보내면 한국 시장의 동향을 파악하고 업무의 흐름을 파악하는 데 도움이 된다. 뿐만 아니라 업무와 관련된 기사를 계속해서 업데이트를 하다 보면 비서의 커리어 향상에도 도움이 될 수 있으니 어느 정도 업무에 적응하고 나서 시간적으로 여유가 생길 때 도전해보길 바란다.

송신애 인터뷰

前 골드만삭스 팀비서, 前 AIG 부사장 비서
前 노무라이화자산운용 업무지원 팀장, 前 DLA Piper 법무법인 인사회계 팀장
現 제주썬호텔카지노 브랜드 마케팅 팀장

Q1 면접할 때 면접관들이 가장 중요하게 생각하는 것은 무엇인가?

A1 외국계 회사가 추구하는 이미지와 근접한 후보자를 찾고자 한다. 자신감 있고, 명확하게 자신의 의사를 전달할 수 있는 사람을 선호하는 편이다. 듣기 좋은 발음과 목소리도 중요하다. 말투와 태도를 통해 신뢰감을 줄 수 있는지 평가하고, 문제 해결 능력과 위기에 대처하는 능력도 함께 본다. 면접 당일에는 사소한 부분에도 신경을 많이 쓰길 바란다. 일단 진한 화장, 단정하지 못한 옷차림, 강하거나 과한 향수는 면접관들이 지원자에게 집중하는 데 방해하는 요소가 되기 때문에 사전 점검이 필요하다.

Q2 영어 면접은 어떻게 이루어지나?

A2 1차 한국어 면접을 통과하면 영어로 자기소개를 시켜보고 간단한 영어 실력을 테스트한다. 상황에 따라 영작문을 요구하기도 한다. 긴장하지 말고 자신의 경력을 영어로 소개하는 연습을 하길 바란다.

Q3 영어 면접 외에 또 다른 시험이 있나?

A3 간단히 MS Office 활용 능력을 테스트하기도 하고, 영어 외에 다른 외국어가 필요한 기업은 중국어 또는 일본어로 자기소개를 요구하기도 한다.

Q4 선호하는 전공이 있나?

A4 일반적으로 특별히 선호하는 전공은 없다. 금융계 비서는 상경계열을 선호하는 편이다.

Q5 채용 절차에 대해서 간략한 설명을 바란다.

A5 우선 기업에서 헤드헌팅 업체에 필요한 인재를 의뢰한다. 2~3주간 후보자 이력서를 받은 다음 서류 전형 후 면접 후보자를 5명 이내로 결정한다. 1차 면접에서 최종 2명을 뽑아서 2차 면접을 진행하고, 최종 선발자와 연봉 계약서 등 패키지 협상을 한다. 간혹 본사와의 최종 면접이 진행되는 경우 2차 면접 이후 본사 인사 담당자와 화상 또는 대면 면접을 할 때도 있다.

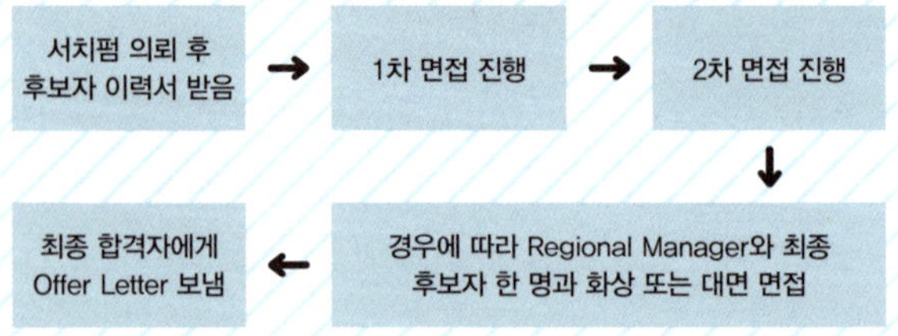

Q6 스펙은 좋았지만 면접 때 이런 점 때문에 떨어뜨렸다 하는 지원자가 있나?

A6 성형수술을 너무 많이 해서 아이컨택이 부담되었던 지원자가 기억에 남는다. 신속하게 면접을 마무리하고 돌려보낸 적이 있다. 또 웃음소리가 너무 크고 흥분해서 답변하는 지원자도 부적합했고, 그룹 면접 시 과한 자기 자랑으로 겸손함을 찾기 힘들었던 지원자도 아무리 스펙이 훌륭해도 합격시키지 않았다.

Q7 비서 채용은 얼마나 자주 있나?

A7 비서 채용은 수시로 있지만 빈자리가 생기기까지 몇 년이 걸릴 수도 있고, 내부 추천으로 소리 소문 없이 채용하기도 한다. 정기적으로 있는 자리가 아니기 때문에 공고가 났을 때 추천해줄 수 있는 헤드헌터한테도 좋은 인상을 남겨야 한다.

송신애 팀장의 설명처럼 외국계는 인맥 네트워킹이 잘되어 있어야 한다. 꾸준한 자기계발과 인맥 형성이 이직을 위한 좋은 기회를 선점할 수 있는 기회가 될 수 있다.

Q8 이상적인 면접 복장은 무엇인가?

A8 무엇보다 자신에게 잘 어울리는 옷을 입는 게 좋다. 정형화된 이미지를 주는 복장(승무원 면접 복장)은 남과 나를 차별화시키지 못해서 추천하지 않는다. 너무 튀지 않고, 단정하면서 기품 있게 입으면 좋다. 경력직은 치마 정장보다는 바지 정장을 입은 후보자가 더 신뢰감을 준다. 신입은 치마 정장을 추천하지만, 그럼에도 자신한테 잘 어울리는 옷이 정답이다.

Q9 외국계 비서가 되기 위해 필요한 자질과 역량은 무엇인가?

A9 아무래도 면접보다 실전에서 업무를 수행하려면 영어와 문서 관리 능력은 반드시 필요하다. 요즘은 영어뿐만 아니라 중국어까지 가능한 지원자를 원하는 기업도 증가하는 추세다. 면접관을 설득시킬 수 있을 만큼 기업에 대한 열정과 비서로서의 지원 동기도 뚜렷해야 한다. 단지 취업이 필요하고 현재 다니는 직장에 대한 불만으로 응시하는 지원자라면 설사 채용해도 또

다시 그만둘 거라는 선입견 때문에 기업 입장에서도 원하지
않는다.

**왜 비서인가? 왜 그 회사에 입사하려 하는가? 내 성격과 이 직무가
맞는가? 등 자신에게 이런 질문을 먼저 해보고 냉정하게 판단하는
것이 우선되어야 한다. 자기 자신에 대한 고민이 부족한 채 지원하
거나 기업의 네임 밸류만 보고 지원하면 반드시 고비가 오기 때문이
다. 어렵게 합격했어도 비서 업무가 조금만 자신과 맞지 않아도 쉽
게 고민하고 방황하는 경우가 많다. 물론 자신과 잘 맞는 일이 있긴
하겠지만, 신입 때부터 모든 것을 충족시키기는 어렵다. 때문에 인
내심을 가지고 하나하나 경험을 쌓으려는 자세가 필요하다. 끊임없
이 노력한다면 자신의 장점과 특성에 맞는 일을 거머쥘 수 있는 기
회는 반드시 온다.**

Q10 지금까지 외국계 기업에 근무하면서 느꼈던 매력은 무엇인가?

A10 아무래도 지적 자극을 많이 받을 수 있는 근무 환경으로, 개개
인이 성장할 수 있는 기회가 많이 주어지는 편이다. 합리적인
근무 시간과 해외 출장이나 교육 등의 기회가 많다는 것이 장

점이라 할 수 있다.

비서의 전문성은 경력이 오래되었다고 나오는 것은 절대 아니다. 전문성은 오래 근무했다거나 누가 만들어주는 것이 아니라 자신이 스스로 만들어가는 것이다. 힘든 상황에서도 자신을 믿고, 보다 열심히 노력한다면 외국계 비서만이 누릴 수 있는 장점을 내 것으로 만들 수 있다.

주한 외국대사관과 주한 상공회의소 리스트

앞서 언급한 외국계 기업뿐만 아니라 이제 주한 외국대사관과 주한 상공회의소도 '나의 구직 리스트'에 올려보길 바란다. 마찬가지로 수시 채용이며, 기업에 비해 공석이 생기는 빈도는 현저히 낮다. 하지만 구직자에게 채용은 타이밍이 중요하듯, 생각지도 못했던 순간에 채용 공고가 날 수도 있으니 주한 외국대사관과 주한 상공회의소도 예의 주시할 만하다. 한국과 상업적인 교류가 많은 국가일수록 한국인 직원이 많고 규모가 크며, 연봉도 상이하다. 각 주한 외국대사관의 홈페이지에 들어가서 채용 공고를 확인하는 것이 가장 빠른 방법이며, 서치펌을 통해 채용 공고가 나오기도 한다.

　다양한 산업 분야에 서비스를 제공하는 종합 경제 단체를 일컫는 상공회의소는 현재 미국, 유럽연합, 프랑스, 스웨덴, 호주, 뉴질랜드, 인도, 독일, 영국, 이탈리아, 일본, 캐나다, 중국 등의 주한 외국상공회의소가 국내에 들어와 있다. 마찬가지로 상공회의소(www.korcham.net)를 통해 주한 외국상공회의소 리스트와 홈페이지 정보를 얻을 수 있다. 각국의 주한 외국상공회의소 채용 공고를 살펴보면, 인턴십 공고도 열린다. 인턴으로 경험을 쌓을 기회도 열려 있으니 적극 활용해보자. 현재 주한 외국대사관의 리스트를 참고해보자.

대사관명	주소	전화
E.U. 대표부	서울시 종로구 신문로1가 116번지 세안빌딩 16층	02-735-1101
가나 대사관	서울시 용산구 한남동 60-28	02-3785-1427
가봉 대사관	서울시 용산구 한남동 738-20	02-793-9575
과테말라 대사관	서울시 중구 소공동 롯데호텔 614호	02-771-7582
교황청 대사관	서울시 종로구 궁정동 2	02-736-5725
그리스 대사관	서울시 중구 장교동 1 한화 빌딩 27층	02-729-1400
나이지리아 대사관	서울시 용산구 동빙고동 310-19	02-797-2370
남아프리카공화국 대사관	서울시 용산구 한남동 1-37	02-2077-5900
네덜란드 대사관	서울시 중구 정동 15-5 정동빌딩	02-311-8600
노르웨이 대사관	서울시 중구 정동 15-5 정동빌딩 13층	02-727-7100
뉴질랜드 대사관	서울시 중구 정동 15-5 정동빌딩 8층	02-3701-7700
덴마크 대사관	서울시 용산구 이태원동 260-199 (남송빌딩5층)	02-795-4187
도미니카 대사관	서울시 중구 태평로2가 태평로빌딩 19층	02-756-3513
독일 대사관	서울시 중구 남대문로 5가541 스퀘어빌딩 8층	02-748-4114
라오인민민주공화국 대사관	서울시 용산구 한남동 657-93	02-796-1713
러시아 대사관	서울시 중구 서소문로 11길 43	02-752-0630
레바논 대사관	서울시 용산구 동빙고동 310-49	02-794-6482
루마니아 대사관	서울시 용산구 한남동 1-104	02-797-4924
리비아 대사관	서울시 용산구 한남동 271-5	02-797-6001
말레이시아 대사관	서울시 용산구 한남동 4-1	02-2077-8600
멕시코 대사관	서울시 종로구 중학동 14 트윈트리 타워B 17층	02-798-1694
모로코 대사관	서울시 용산구 한남동 730 한남타워 4층	02-793-6249
몽골 대사관	서울시 용산구 한남동 33-5	02-794-1951
미국 대사관	서울시 종로구 세종로 82-14	02-397-4114
미얀마 대사관	서울시 용산구 한남동 724-1	02-790-3814
방글라데시 대사관	서울시 용산구 동빙고동 310-22	02-796-4056
베네수엘라 대사관	서울시 종로구 공평동 100 제일은행빌딩 16층	02-732-1546
베트남 대사관	서울시 종로구 삼청동 28-37	02-734-7948
벨기에 대사관	서울시 용산구 한남동 737-10	02-749-0381

벨라루스 대사관	서울시 중구 다산동 432-1636	02-2237-8171
불가리아 대사관	서울시 용산구 한남2동 723-42	02-794-8625
브라질 대사관	서울시 종로구 팔판동 141 인갤러리빌딩 4, 5층	02-738-4970
브루나이 대사관	서울시 종로구 청운동 39-1	02-790-1078
사우디아라비아 대사관	서울시 용산구 이태원동 36-37	02-739-0632
세르비아 대사관	서울시 용산구 한남동 730	02-797-5109
수단 대사관	서울시 용산구 서빙고동 4-52	02-793-8692
스리랑카 대사관	서울시 중구 신당동 347-359	02-735-2966
스웨덴 대사관	서울시 중구 남대문로5가 120 단암빌딩 8층	02-3703-3700
스위스 대사관	서울시 용산구 한남동 657-14	02-739-9511
스페인 대사관	서울시 용산구 한남동 726-52	02-794-3581
슬로바키아공화국 대사관	서울시 용산구 한남동 389-1	02-794-3981
싱가포르 대사관	서울시 중구 태평로 1가 84 파이낸스빌딩 28층	02-774-2464
아랍에미리트 대사관	서울시 용산구 한남동 5-5	02-790-3235
아르헨티나 대사관	서울시 용산구 이태원동 534 천우빌딩 5층	02-797-0636
아일랜드 대사관	서울시 종로구 수송동 146-1	02-721-7200
아프가니스탄 대사관	서울시 용산구 한남동 27-2	02-793-3535
알제리 대사관	서울시 용산구 이태원2동 2-6	02-794-5034
에콰도르 대사관	서울시 종로구 공평동 100 제일은행빌딩 19층	02-739-2401
엘살바도르 대사관	서울시 중구 태평로 2가 150 삼성화재빌딩 20층	02-753-3432
영국 대사관	서울시 중구 정동 4	02-3210-5500
오만 대사관	서울시 종로구 신문로 1가 58-13	02-790-2431
오스트리아 대사관	서울시 종로구 종로 1가 교보빌딩	02-732-9071
온두라스 대사관	서울시 종로구 종로2가 종로타워 빌딩2층	02-738-8402
우루과이 대사관	서울시 용산구 한남동 653-30	02-6245-3179
우즈베키스탄 대사관	서울시 용산구 한남동 657-196	02-574-6554
우크라이나 대사관	서울시 용산구 한남동 737-75	02-790-5696
이란 대사관	서울시 용산구 동빙고동 1-93	02-793-7751
이스라엘 대사관	서울시 종로구 서린동 149	02-3210-8500
이집트 대사관	서울시 용산구 한남동 46-1	02-749-0787
이탈리아 대사관	서울시 용산구 한남동 714	02-750-0200

인도 대사관	서울시 용산구 한남동 37-3	02-798-4257
인도네시아 대사관	서울시 영등포구 여의도동 55	02-783-5675
일본 대사관	서울시 종로구 중학동 14 트윈트리타워 A동	02-2170-5200
중국 대사관	서울시 중구 명동2가 83-7	02-738-1038
체코 대사관	서울시 종로구 신문로 2가 1-121	02-725-6765
칠레 대사관	서울시 중구 충무로1가 25-5 고려대연각타워 1801호	02-779-2610
카자흐스탄 대사관	서울시 용산구 동빙고동 1-48	02-391-8906
카타르 대사관	서울시 용산구 동빙고동 309-5	02-798-2444
캄보디아 대사관	서울시 용산구 한남동 653-110	02-3785-1041
캐나다 대사관	서울시 중구 정동 16-1	02-3783-6000
코스타리카 대사관	서울시 마포구 도화동 50-1	02-707-9249
코트디부아르 대사관	서울시 용산구 한남동 167-1	02-3785-0561
콜롬비아 대사관	서울시 종로구 종로 1가 1 교보생명빌딩 11층	02-720-1369
콩고민주공화국 대사관	서울시 종로구 내수동 702	02-722-7958
쿠웨이트 대사관	서울시 용산구 동빙고동 309-15	02-749-3688
키르키즈 영사관	종로구 평창동 422	02-379-0951
태국 대사관	서울시 용산구 한남동 653-7	02-795-3098
터키 대사관	서울시 용산구 서빙고동 4-52 비비안 빌딩 4층	02-3780-1600
튀니지 대사관	서울시 용산구 동빙고동 7-13	02-790-4334
파나마 대사관	서울시 용산구 한남동 730 한남타워 301호	02-734-8601
파라과이 대사관	서울시 용산구 한남동 730 한남타워사옥 3층	02-792-8335
파키스탄 대사관	서울시 용산구 동빙고동 1-17	02-796-8252
파푸아뉴기니 대사관	서울시 종로구 수송동 58 두산위브파빌리온 210	02-2198-5771
페루 대사관	서울시 중구 충무로1가 25-5	02-757-1735
포르투갈 대사관	서울시 종로구 원서동 171 원서 빌딩 2층	02-3675-2251
폴란드 대사관	서울시 종로구 사강동 70	02-723-9681
프랑스 대사관	서울시 서대문구 합동 30	02-3149-4300
핀란드 대사관	서울시 종로구 종로1가 교보빌딩 1602호	02-732-6737
필리핀 대사관	서울시 용산구 이태원동 5-1	02-796-7387
헝가리 대사관	서울시 용산구 동빙고동 1-103	02-792-2105
호주 대사관	서울시 종로구 종로1가 교보빌딩	02-2003-0100

출처 〈피플앤잡〉 참고 후 정보 업데이트

외국계 비서 전략적 취업 준비

외국계 기업만의 특성을 이해하고 좀 더 관심이 생겼다면, 이제부터는
전략적으로 취업하는 방법에 대해 알아보자. 외국계 기업이 원하는
인재상은 무엇인지, 채용 정보는 어디서 찾아봐야 하는지 소개한다.

01 외국계 기업이 공통적으로 원하는 비서 인재상

외국계 기업은 어떤 스타일의 비서를 원할까? 채용 공고를 살펴보면 공통적으로 원하는 사항을 알 수 있다. 기업에서 비서의 필수적인 자질로 요구하는 것은 커뮤니케이션 스킬Communication Skills과 멀티태스크 스킬Multi-task Skills, 팀 플레이어Team Player로 원만한 대인관계를 유지해야 하는 능력이 빠지지 않고 요구된다.

외국인 상사와 한국인 비서라는 점에 비추어볼 때, 먼저 언어와 비언어를 이해하고 활용하는 능력과 상사로부터 지시 받은 내용을 실행하고 보고하는 능력, 비즈니스 멘트 구사 능력 등 전문성 있는 소통까지 가능한 능력을 원한다는 것을 알 수 있다. 또한 비서라는 직무의 특성상 동시다발적으로 업무가 주어졌을 경우 어떤 것을 우선순위에 두고 업무를 순차적으로 처리할 것인지에 대한 빠른 판단력과 문제 해결 능력이 중요하기 때문에 기업에서 요구하는 자질은 비슷한 편이다. 다음 세 개 기업의 비서 채용 예시에서 선호하는 인재상을 비교해보고 공통점을 찾아보자.

A 기업

- Time management skills and working with tough deadlines

- Excellent collaboration with admin assistants of all levels

- Excellent inter-personal and communication skills

- Team worker

- Excellent command over English and experience in drafting emails and other communication materials. Additional language capabilities will be an advantage.

B 기업

- Expectation of complete confidentiality on all business matters.

- Ability to effectively communicate and collaborate with a diverse range of people and job functions.

- Comprehensive knowledge of process, project and program management theory and practices – and the ability to apply them when solving operational issues.

C 기업

- Positive attitude with a willingness to provide the highest levels of internal and external client service

- Ability to communicate to clients, Directors, Principals, Associate Principals and team members by phone and email in a clear, concise manner

- Able to work on own initiative and to have a solutions-oriented approach

- Demonstrates excellent oral and written communication skills and has the ability to initiate and compose own correspondence

- Prioritizes; a forward thinker

- Ability to work accurately and effectively under extreme pressure, whilst remaining calm and composed

- Visibility of work requires attention to detail, excellent organisation skills and discretion with confidential information

- Works as a team player and sustains a sense of team

- Displays flexibility when performing tasks and procedures based on the needs of the team

- Ability to deal with stress and ambiguity

위에서 보듯이 커뮤니케이션 스킬Communication Skill을 강조하다 보니, 지원자들은 자연스럽게 언어에 대해 고민하게 된다. 많은 취업 준비생이 외국계 기업의 지원을 두려워하는 가장 큰 이유는 영어에 대한 자신감 부족이다. 많은 취업 준비생이 기본적인 실력을 갖추었음에도 불구하고 더 많은 기회를 놓치고 있는 것 같아 아쉽다. 기업에서 영어 실력이 중요한 것은 사실이고, 입사를 하게 되면 더욱 노력해서 영어 실력을 키워야 한다. 하지만 조직에서 원하는 것은 결코 원어민 수준의 영어 실력만은 아니다. 우수한 외국어 실력이 곧 뛰어난 커뮤니케이션 스킬을 의미하는 것은 아니기 때문이다.

실제로 면접을 경험한 지원자들은 영어 실력보다는 '비서직에 대한 열정, 지식, 면접에 임하는 태도'를 많이 보는 것 같다고 말한다. 기업에서 선호하는 인재상은 채용되고 나서 일하면서 보여지는 자질과 역량이지, 면접 때 평가할 수 있는 부분은 아니다. 하지만 '어떻게' 사람들과 잘 지냈으며, '어떻게' 우선순위를 판단해서 복잡한 문제를 해결했으며, '어떻게' 스트레스를 받는 상황을 극복했는지 등 자신만의 스토리를 기업에서 원하는 인재상에 맞게 잘 표현할 것인가가 정말 중요하다. 따라서 비서 업무에 맞는 역량을 키우고, 여러 기업이 공통적으로 원하는 비서 인재상을 중심으로 사실에 기반한 자신만의 장점이 부각될 있도록 스토리를 만들어보자.

02 채용 정보 찾기

외국계 기업의 비서직 채용 정보를 얻는 경로는 다양하다. 수시 채용의 특성상 타이밍이 중요하기 때문에 꾸준히 모든 경로의 정보를 확인하는 노력이 필요하다. 현재 채용 정보를 확인할 수 있는 방법은 다음과 같다.

- 기업 홈페이지 채용 정보
- 헤드헌터 및 서치펌 홈페이지
- 온라인 취업 관련 커뮤니티
- 취업 포털사이트
- 출신 학교의 취업지원센터 또는 경력개발센터

만약 관심 있는 기업이 있다면, 홈페이지에서 비서 포지션의 공고가 올라왔는지 끊임없이 확인해야 한다. 또 프로필을 미리 등록할 수 있는 시스템이 있는 기업이라면 지원서를 제출해놓는 것이 좋다. 모든 외국계 헤드헌팅 업체에 자신의 레주메를 제출해놓자. 기업으로부터 비서 포지션에 대한 의뢰가 왔을 때 지원서 확인 후 적합하다는 판단이 서면 연락이 올 것이다.

구글의 경우 비서 포지션을 Administrative Business Partner로 명명하여 채용 공고가 올라온다. 경력 조건은 최소 2년 이상 10년까지 국가별로 상황에 따라 다르다. 비서 포지션을 검색할 때, 기업별

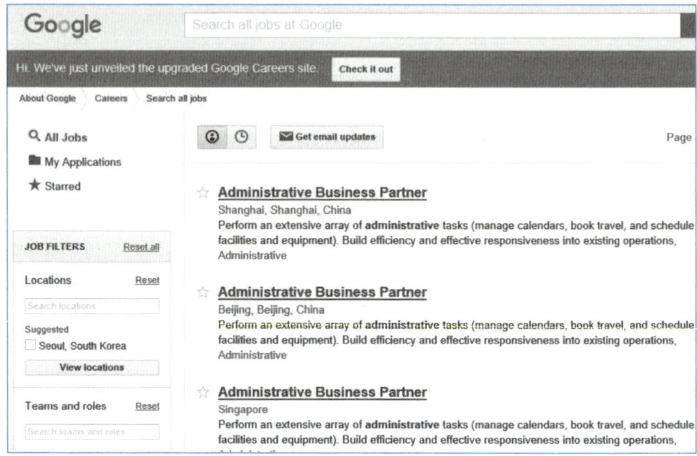

출처: Google_ https://www.google.com/about/careers/search#t=sq&q=j&li=10&

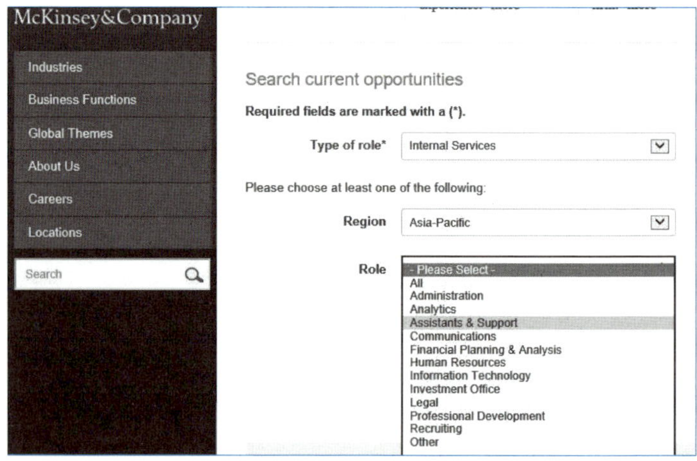

출처: McKinsey & Company_http://www.mckinsey.com/careers/join-us/search-and-apply

로 비서를 지칭하는 게 다를 수 있으니 #Secretary #Administrative #Admin #Support #Office Manager #Team Assistant #Office Assistant #Executive Assistant 등 다양한 관련어로 검색해야 한다.

두 번째 예시는 국내 외국계 컨설팅 기업이다. 마찬가지로 홈페이지에 들어가서 확인하는 방법이 있다. 현재 우리나라 경영 컨설팅 기업은 대부분 학교 경력개발센터를 통해 채용을 진행하고 있다.

03 채용 공고 꼼꼼히 살피기

비서직으로 지원하기에 앞서 전략적인 이력서 작성과 면접을 위해 기업에서 필요로 하는 역량이 무엇인지 파악하고, 이에 부합하는 내용으로 작성해야 한다. 그러기 위해서는 기업에서 어떤 업무 능력을 원하는지 채용 공고에 제시된 내용을 바탕으로 직무 기술서Job Description를 꼼꼼히 살펴보는 것이 중요하다. 아래에 제시된 세 개의 채용 공고 내용을 살펴보자.

(1) Specific duties will include(but are not limited to)

- Provide administrative and logistics support in a prompt and professional manner
- Make travel arrangements for staff, and another related

to Creative operations

- Maintain a filing system ensuring information is up to date and accurate
- Handle incoming telephone calls, screen and redirect where appropriate
- Set-up and make arrangements for meetings and conferences, including taking minutes
- Assist with HR duties such as reviewing time sheets, tracking employee annual leave and sick days, and updating local staff contact information

첫 번째 채용 공고는 일반적인 비서 직무 외에 직원들의 연차, 병가, 출퇴근 관리 등 HR 업무도 함께 할 수 있는 지원자를 원한다. 레주메에 해당 업무에 대한 경력이 있다면 반드시 기술해야 면접으로 가는 '키워드 포인트'를 얻을 수 있다.

(2) Main Job Tasks and Responsibilities

- Prepare and manage correspondence
- Prepare and process standard legal documents including subpoenas, contracts, summonses, appeals, warrants and motions
- Organize and coordinate legal meetings including client

interviews, hearings and depositions

- Maintain schedules and calendars including court diaries
- Take, type and distribute minutes of meetings and interviews
- Prepare forms including accident reports, courtroom requests and client applications
- Proofread and edit legal documents
- Set up and maintain databases and files

두 번째는 외국계 로펌 비서 채용 공고다. 마찬가지로 일반적인 비서 업무 외에도 법률 문서와 관련된 업무가 유독 많다는 것을 볼 수 있다. 그렇다면 레주메에 문서 정리, 오탈자 확인, 편집 능력 등이 가능하다는 것을 강점으로 서술하는 것이 좋다.

(3) Responsibilities

- Capability to manage substantial operational budget of the team, and familiar with basic accounting concepts, should have working knowledge to use spreadsheets and perform mathematical operations using spreadsheets.
- Responsible for performing general administrative support tasks involved in an organization. these tasks

will include, but are not limited to, general filing and records maintenance, compiling data for reports, assisting with administrative tasks associated sith the cost center(s) budget(s), scheduling appointments and meetings, calendar maintenance for the CEEL and MEMA legal head, preparing expense reports, preparing/ editing presentations, making travel arrangements, assisting in on-boarding new employees, and other established general administrative tasks.

- Will assist in supporting the general administrative work for the team and the direct supervisor.

세 번째는 채용 공고에서 볼 수 있듯이, 보통 외국계 기업의 비서는 비서 업무만 하는 직원보다는 비서직과 인사 노무 또는 비서직과 회계 사무 식으로 다양한 업무를 아우르기 때문에 기업에서 요구하는 직무 능력이 무엇인지 꼼꼼히 살펴야 한다.

사례1

나의 경우는 입사 채용 공고에서 기본적인 비서 업무 외에 가장 높은 비중을 차지하는 직무가 헤드쿼터와의 컴퓨터, 서버 등과 관련된 문제를 해결할 수 있는 중간자 역할이었다. 그 당시 보안상의 이유로 미국 본사에서 서버를 컨트롤하고 있었기 때문에 문제가 발생했을 때

처리할 수 있는 커뮤니케이션 담당자가 필요했다. 나는 컴퓨터 관련 전공도 아니고 어떤 직무를 하는지 정확하게 알지 못했기 때문에 라우터, 허브, LAN 등의 관련 용어를 익혀 갔다. 또 인턴 때 경험했던 문제 해결 능력과 팀원들과 원활한 소통을 통해 업무를 처리했던 몇 가지 사례를 준비해 갔다. 면접에서 여러 가지 질문에 답변할 때 준비한 사례를 적절하게 활용해서 대답했고, 이것이 좋은 평가를 받게 되었다.

사례2

그 기업에 합격해서 일하던 중 4~5년 차 되던 해 타 부서의 비서 겸 회계 담당자의 채용 공고가 나자 지원서를 낸 적이 있다. 타 부서의 공석 자리는 직급과 연봉이 더 높은 자리라서 욕심이 났었다. 같은 조직에서의 부서 이동이라 해도 외부 공개 채용이었기 때문에 서류 지원부터 모든 절차를 공정하게 거쳐야 했다. 결과부터 말하자면, 면접의 기회조차 얻지 못했다. 채용 공고의 직무 기술서 내용을 무시한 채 면접까지는 별다른 문제없이 가겠지 하는 안일한 생각으로 레주메를 작성한 것이 가장 큰 실수였다. 담당 미국인 헤드가 나를 따로 불러 면접까지 오길 바랐고, 꼭 함께 일하고 싶었는데 너무 안타깝다며 떨어진 이유에 대해 설명해주었다.

왜 서류 심사에서 떨어졌을까? 인사과까지 찾아가서 나와 일하고 싶었다고 말했던 미국인 상사는 포지션 자체가 회계 업무와 관련한 역량을 원하는데, 나의 레주메는 회계와 관련한 업무의 비중이 너무 적어서 면접의 기회조차 줄 수 없다는 것이 요지였다. 아무리 조직 내부의 사람이 지원하고, 그 사람에 대한 능력과 역량을 알고 있다 해도 레주메에 회계 관련 키워드가 없으면 그 자리에 맞지 않은 사람으로 판단할 수밖에 없다. 당연히 선발 대상에서 제외될 수밖에 없었다.

결론적으로 같은 비서 포지션이라 해도, 기업에서 일반적인 비서 업무 외에 특별히 요구하는 직무가 있는지 반드시 확인한 다음 직무 기술서에 부합하는 맞춤형 레주메와 커버레터를 작성해야 한다.

04 지원 업계에 대한 조직 문화 파악하기

외국계 기업에 도전하는 예비 비서는 대부분 글로벌 환경에서 일하고 싶다는 목표와 다양하고 폭넓은 커리어 패스Career Path에 대한 비전을 가지고 있다. 예를 들면, 업무에서 의사 결정권이 있는 오피스 매니저Office Manager로 성장할 수 있는 가능성과 함께 비서로서의 경력을 발판으로 삼아 승진하거나 더 나은 조건을 제시하는 다른 기업으로 이직하는 것이다. 이렇게 자신의 업무 능력을 향상시키고 커리어의 비전을 키우기 위해서는 지원하고자 하는 기업의 분위기와 문화를 살펴보는 것도 중요하다.

물론 자신이 직접 경험하기 전에는 모두 파악할 수 없지만, 비서 포지션이 앞으로 성장할 가능성이 있는지 알아보고 지원하는 것이 좋다. 여기서 말하는 비서 포지션의 성장성이란, 팀 비서 혹은 임원 직속 비서로 근무한다면 전임자 혹은 타 부서의 비서들은 어떠한 경력을 가지고 있는지, 조직 차원에서 트레이닝과 경력을 발전시킬 수 있는 기회를 주는지, 업무에 있어 어느 정도 권한이 있는지 등을 말한다.

이럴 경우 가장 좋은 방법은 면접할 때 면접관에게 이런 사항에 대해 직접 물어보는 것이다. 서치펌을 통해 채용이 이루어진다면 헤드헌터에게 최대한 많은 정보를 얻는 것이 좋고, 지인이 있다면 인맥을 통해 정보를 얻는 것이 가장 믿을 만하다. 인맥이 없다면 기업에 직접 전화를 걸어 큰 부담을 주지 않는 선에서 궁금한 사항을 물어보거나 직접 찾아가보는 것도 좋다.

지금까지 외국계 비서만이 누릴 수 있는 비전을 제시했지만, 그렇다고 모든 기업이 취업한 이후 승진 혹은 보직을 전환할 수 있는 길이 보장되는 것은 아니다. 성과 중심의 외국계 기업에서 근속 연수는 늘어가는데 신입과 같은 단순 업무만 한다면, 당연히 해고 1순위가 될 수밖에 없다. 근무하는 동안 경력 개발을 통해 자신의 업무 능력만 향상시키는 것이 아니라 어떻게 하면 회사의 발전에도 기여할 것인가 고민하고 끊임없이 노력해야 할 것이다. 자신과 회사 발전에 필요한 역량을 키우면서 열정적으로 일하는 비서들에게만 원하는 기회가 온다는 것을 명심하기 바란다.

PART 2

외국계 비서, 무엇을 어떻게 준비할까?

이력서로 면접의 기회 잡기

레주메 Resume란, 영문 이력서로 지원자의 능력과 학력, 경력 등의 정보를 기업에 제공하기 위해 간결하게 요약한 양식을 말한다. 수많은 지원자와 다른 나만의 강점을 부각시키고 다른 이력서에서는 볼 수 없는 차별화된 이력서를 제시하는 것이 키포인트 Key point다. 우선 이력서에 자신이 가장 내세울 만한 강점과 기술 Skills을 담아야 한다. 인사 담당자가 생각하는 '훌륭한 레주메'는 일단 면접의 기회를 잡는 것이기 때문에 이력서는 신중하게 작성해야 한다. 이제 '훌륭한 레주메'는 어떻게 작성해야 하는지 살펴보자.

01 레주메 랭귀지란?

레주메란, 직역하면 '약력'이라는 뜻으로 국문 이력서와 대체로 비슷하다. 레주메에 사용되는 레주메 랭귀지란 이력서에서 쓰이는 언어 표현을 뜻한다. 이력서 한 장에 지원자의 모든 것을 표현해야 하므로 가장 먼저 인사 담당자의 입장에서 레주메를 바라보는 것이 필요하다. 레주메 랭귀지의 작성법은 다음과 같다.

첫 번째는 일반적인 표현보다는 가급적 상세하고 구체적으로 표현한다. 지원자의 성과가 구체적으로 보이지 않으면 수많은 지원자 중 하나인 평범한 이력서로 전락하고 만다.

- Produced and coordinated proofreading of correspondence and documents for medium-sized public relations and communications firm.
- Planned and managed travel arrangements and itineraries for top executive officers.

두 번째는 항상 능동적인 동사인 Action Verb를 사용해야 한다. 한국인의 정서상 소극적인 태도와 성향이 많이 나타나는 것이 사실이다. 그로 인해 문서를 작성할 때도 자신감이 없고 소극적인 태도가 묻어나는 경향이 있다. 예를 들면, 'I was responsible for developing training program'에서 '교육 프로그램을 개발하는 책임을 맡았다'라는 의미는 수동적인 표현이 강한 반면, 'Developed training program for 30 charity runners'라고 바꾸면 구체적이면서 주도적으로 교육 프로그램을 개발했다는 것을 보여준다. Action Verbs는 동사의 과거형으로 작성하는 것이 보편적이다.

세 번째, 이력서는 상대방에게 좋은 인상을 주기 위해 꾸미는 표현보다 사실을 기반으로 한 정확하고 수치화된 언어를 사용해야 한다. 인사 담당자에게 잘 보이기 위해 과한 수식 어구를 사용하거나 복잡하고 어려운 문장은 피한다.

- Developed training program for 27 charity runners. Raised over $23,000 to support Asia Career Development Association.

마지막으로 인사 담당자가 빠르게 훑어볼 수 있게 간결한 문장으로 써야 한다. 그러면서 인사 담당자가 물어보고 싶은 단어 혹은 문장이 눈에 띄어야 한다.

- Participated in staff meetings and brainstorming sessions.

위의 예시에서 면접관은 brainstorming session이란 무엇이며, 참여해서 어떤 역할을 했는지 궁금증을 자아낼 수 있는 문장이다.

02 실수 없이 이력서 작성하기

많은 기업에 자신 있게 이력서와 자기소개서를 제출했지만 번번이 서류 심사에서 떨어지고 말았다. 과연 서류 심사도 통과하지 못하는 이유가 무엇일까? 가장 먼저 살펴봐야 할 것은 이력서의 내용도 중요하지만 회사명을 잘못 쓰거나 기본적인 항목을 누락시켰다면 서류 심사에 통과할 수 없다. 의외로 많은 지원자가 생각지도 못한 작은 오류를 많이 범하는데, 자주 하는 실수를 살펴보면 다음과 같다.

❶ 철자와 문법의 오류

가장 많이 하는 실수다. 철자를 잘못 쓰는 것은 성의가 부족해 보이는 실수로 이력서를 작성할 때 주의해야 한다. 이력서를 모두 작성한 다음에는 확인하고 또 확인해서 완벽하게 만들어야 한다.

❷ 개인 정보 누락

이메일과 전화번호 등을 누락시키는 경우가 이에 해당한다. 연락 가능한 개인 정보를 누락시켜서는 절대 안 된다. 아무리 지원자가 마음에 들어도 연락할 방법이 없다면 당연히 면접의 기회는 오지 않는다.

❸ 수동적인 문구 사용

위에서 언급했듯이 Action Verbs로 작성해야 한다. 능동적인 표현을 사용함으로써 적극적이고 긍정적인 인상을 줘야 한다. 수동적인 문구와 표현은 인사 담당자들에게 매력적이지 못한 지원자가 될 수 있으니 가급적 문장을 능동적인 형태로 바꿔야 한다.

❹ 레주메 분량

자신의 역량과 능력을 모두 보여주고 강조하고 싶은 마음에 레주메가 두 장 이상이 되어도 면접의 기회에서 멀어질 수 있다. 한 장 안에 최대한 비서의 직무와 관련된 내용을 작성하되, 문서의 포맷과 글자 크기 등을 양식에 맞게 깔끔하고 간결하게 작성해야 한다.

03 영문 이력서에 불필요한 사항

앞서 소개한 이력서에서 자주 하는 실수처럼 이력서에 불필요한 사항은 없는지 체크해보는 것이 좋다. 다음과 같은 사항을 주의해서 이력서를 다시 확인해보자.

❶ 인칭대명사 생략

'I'와 같은 인칭은 생략한다.

❷ 약어

일반적으로 쓰이는 축약된 형태라도 레주메는 완전한 단어로 작성한다. 레주메는 모든 사람이 봤을 때 이해하기 쉽고 한눈에 읽혀야 한다.

❸ 사진, 나이, 성별

국문 이력서와 달리 채용에 영향을 미칠 수 있는 요소를 배제하고자 인적 사항 중 사진, 나이, 성별은 포함시키지 않는 것이 원칙이다(하지만 국내에 진출한 외국계 기업이나 로펌은 영문 이력서에 사진 첨부를 요구하기도 하니 반드시 확인한다).

❹ 속어

요즘은 많은 단어를 축약하거나 신조어를 사용하며 친구들끼리 은어를 사용하기도 한다. 생활에서 자연스럽게 사용하기 때문에 무의식 중에 레주메에 비속어나 은어를 사용할 수도 있으니 주의한다.

❺ 본인 과시형 단어

지나치게 자신을 칭찬하거나 문장을 화려하게 만드는 단어는 가급적 자제한다. 만약 자신을 과찬할 경우 인사 담당자가 납득하고 인정할 만한 타당성 있는 근거를 제시해야 한다. 그렇지 못할 경우 지원자의 이미지가 비호감으로 다가올 수밖에 없다. 예를 들면, 자신을 hard worker라고 직접적으로 쓰기보다는 정말 열심히 일했던 성과나 업적을 표현함으로써 기업에서 '이 지원자는 정말 열심히 일하는 사람이구나' 하는 것을 인정하도록 만드는 것이 단어 선택의 힘이다. 따라서 자신의 성과와 역량을 표현할 수 있는 단어를 선택해야 한다. 먼저 레주메 작성 시 피해야 할 단어에 대해 알아보자. 추천 Action Verbs는 '비서 관련 업무를 강조하는 방법'을 참고하기 바란다.

레주메 작성 시 피해야 할 표현

- Hard worker
- Dynamic
- Self-motivated
- Proactively
- Strategic thinker
- Go-getter
- Team player
- Think outside of the box

인터넷에서 영문 이력서 혹은 레주메를 검색하면 다양한 템플릿 Template의 양식을 찾을 수 있다. 그중 외국계 기업에서 선호하는 템플릿 샘플을 살펴보자.

가독성이 좋은 형태는 Bullet Point(중요 항목, 네모꼴이나 다이아몬드꼴 또는 원을 붙여 표시함)를 사용한 양식이다. 중요 항목을 표시해서 기술하면 인사 담당자가 한눈에 파악하기 쉽다는 장점이 있다. 앞서 설명했듯이 레주메는 간결하고 한눈에 쏙쏙 들어오게 작성하는 것이 중요한 포인트다. 수십 명, 수백 명의 지원자가 한 포지션에 몰리는 것을 감안하면, 내용도 중요하지만 '정해진 시간 안에 어떤 방식으로 인사 담당자의 시선을 집중시키는가' 역시 절대적으로 필요한 전략이다.

먼저 인사 담당자가 확인하고 싶은 기본적인 항목이 포함되어야 한다. 자신의 경력과 강점에 따라 ❹ Leadership and Activities와 ❺ Skills & Interests는 [Internship Experience], [Extracurricular Activities], [Skills and Other Information] 등으로 상황에 맞게 바꿔서 작성해도 된다.

- Name and Personal information
- Education
- Work Experience

- Leadership and Activities

- Skills and Interest

레주메는 한 장으로 완성한다. 한 장에 기본적인 항목이 집약적으로 기술되어야 한다. 기업의 정해진 이력서 양식이 없고, 직접 작성할 경우 한 장으로 깔끔하게 마무리한다.

폰트는 보통 에이리얼Arial 또는 타임 뉴 로만Times New Roman을 많이 사용하며, 레주메 본문의 폰트 크기는 10~12pt 중에서 이력서에 적합한 크기를 선택한다.

이제 본격적으로 Bullet Point 양식의 레주메를 함께 작성해보자.

❶ Contact Information

필수 항목Contact Information은 다음과 같다.

Name

영문 이름은 First Name(이름), Last Name(성) 순으로 표기한다.

예) Ji-Yeon Kim / Jiyeon Kim / Emily(Jiyeon) Kim

레주메 본문의 글자 크기가 10~12pt라면, 이름은 볼드Bold체로 18~26pt가 적당하다.

Address

현재 거주지를 기준으로 적고, 해외에 체류 중이라면 해외 주소를 적
거나 부모님이 한국에 거주하면 한국 주소를 적어도 무방하다.

Email

가장 자주 체크하는 이메일 주소로 학교·졸업생용 이메일 주소를 사
용하는 것이 좋다. 현직에 있다면 회사 계정이 아닌 개인 계정을 사용
해야 한다. 개인 계정을 사용할 때는 자신의 이름과 가장 가까운 이름
의 이메일 계정이 무난하다.

Phone Number

휴대폰 번호를 적는 것은 기본이다.

예) +82 10 1234 5678 / 010-1234-5678

해외에 있는 기업에 지원하는 경우 국가번호를 넣는 것이 정석
이지만, 국내 외국계 기업은 두 가지 예시 중 선호도에 따라 선택하면
된다.

마지막으로 이메일로 이력서를 보낼 때는 모든 문서를 PDF 파
일로 전환해서 저장한 다음 보내야 안전하다. 지원자의 컴퓨터로 작

Ji-Yeon Kim Bold, 글씨 크기 18–26pt

11 Sejong-daero, Jung-gu, 107-101 Y APT • Seoul, South Korea, 101-722 • KJY90@abc.ac.kr •
010-1234-5678

성할 때는 완벽했던 문서가 인사 담당자가 열었을 때 프로그램의 버전이 달라 원본과 다르게 보이는 경우도 있으니 주의한다.

❷ Education

Education의 필수 항목은 다음과 같다.

- School
- Location
- Degree
- Date of graduation
- Major
- GPA(선택 사항, 평균 3.0 이상 시)

Education은 학력 사항을 적는 공간이다. 가장 최근의 졸업 연도, 즉 최종 학력 혹은 졸업 예정의 날짜 순으로 써내려간다. 아래 샘플을 보면 알겠지만 학교명, 전공, 학점(선택 사항), 논문 제목(선택 사항), 수상 및 장학금 내용(선택 사항)을 순차적으로 적는다. 주의할 점은 선택 사항이라고 표시된 것은 말 그대로 기업에서 제시하는 사항이 없을 경우 기입 유무는 지원자의 선택에 달려 있다. 즉 이력서에 도움이 되는 경우에만 기입해야 플러스가 된다. 예를 들면 학점이 낮은 경우에는 제시하지 않는 편이 좋다. 오른쪽 여백에는 학교 지역과 졸업 연도와 날짜를 기입한다. 편입을 했다면, 국문 이력서와 마찬가지로 편입 전 학교에 대한 정보와 고등학교 졸업까지 기입한다.

School(영문 학교명), Degree & Major(취득 학위와 전공)은 정확하게 기입한다. 학교에서 공식으로 사용하는 영문명을 확인한 다음 기재하는 것이 실수가 없고 정확할 수 있다. 영문 학위는 다음과 같이 구분한다.

- 학사: Bachelor of Arts(B.A.,인문 계열) / Bachelor of Science (B.S.,이과 계열)
- 석사: Master of Arts(M.A.,인문 계열) / Master of Science (M.S.,이과 계열)/ Master of Business Administration (MBA, 최고경영자과정)
- 박사: Doctor of Philosophy(Ph.D.)

Date of graduation은 졸업 연/월을 적고 졸업 예정자는 Expected Feburary 2016으로 표기한다.

<table>
<tr><td colspan="2" align="center">Education</td></tr>
<tr><td>역연대순 ↓

SECRETARY UNIVERSITY Bold, 대문자
BA in Business, Marketing, GPA 4.0/4.3 학점: 선택적 표기
Full-year scholarship for academic excellence in 2013
Graduated summa cum laude</td><td align="right">도시, 국가, 월/연순으로기재
Seoul, South Korea
February 2016</td></tr>
<tr><td>UNIVERSITY OF TORONTO
Study abroad coursework in Finance</td><td align="right">Toronto,Canada
May-August 2011</td></tr>
<tr><td>HANKOOK HIGH SCHOOL
Graduated</td><td align="right">Seoul, South Korea
February 2008</td></tr>
</table>

❸ Work Experience

Work Experience의 필수 항목은 다음과 같다.

- Paid and unpaid work(internships and military service)
- Organizations
- Locations
- Dates
- Job title
- Brief description of your accomplishments and duties

학력과 마찬가지로 근무 경력도 역연대순Reverse Chronological Order으로 기재한다. 이번 파트에서는 회사명과 포지션이 첫 순서로 들어가야 한다. 그다음으로는 전 직장 혹은 인턴십을 통해 쌓은 업무 경력, 기술, 성과에 대해 서술한다. 조금 더 신경 써야 할 부분은 현재 지원하는 비서직과 업무 연관성이 있도록 작성해야 한다. 예를 들면, 뛰어난 소통 능력, 문서 정리·보고서 분석 능력 등 비서 업무의 경쟁력을 내세울 수 있는 '키워드 포인트'를 살려서 서술해야 한다.

문장의 시작은 인칭대명사를 생략하고 Action Verb로 시작하며, 인사 담당자가 이력서를 읽었을 때 지원자의 업무 성과, 기술, 지식, 역량 등이 한눈에 들어올 수 있게 작성한다. 비서직과 관련 없는 아르바이트나 인턴 경험은 기재하지 않는 것이 좋다. 예를 들면, 편의점 아르바이트, 백화점 판매와 여행사 인턴 등의 경험이 있다면, 여행

Work Experience

BA & COMPANY Bold, 대문자 Seoul, South Korea

Administrative Assistant, Sales Department 직책: 각 단어 시작 대문자 May 2012-March 2015

다양한 Action Verb 활용

- Organized filing systems of confidential information
- Created spreadsheets and presentations for top executive officers
- Established and implemented administrative policies and procedures for the office
- Developed new organizational practices, saving the company $2,000 per year in business trip expenses
- Maintained the office database – retrieved and organized information for individual employees
- Prepared monthly expense reports reflecting supporting documents and budget code indexes
- Provided secondary support to the CEO in secretary's absence in areas of calendar management, document preparation and travel arrangements.

B TRAVEL AGENCY 비서 관련직무 기술 + 회계업무 강조 Seoul, South Korea

Intern June -December 2010

다양한 Action Verb 활용

- Answered phone calls in a professional manner
- Purchased office equipment and supplies, and was careful to adhere to budgeting practices
- Responded to general inquiries about flight reservations
- Sorted and distributed incoming correspondence, including faxes and emails
- Translated travel news on B travel agency website

사 인턴의 경험만 살려서 적는다.

상세 설명

- Created spreadsheets and presentations for top executive officers: 높은 직급의 상사를 위해 문서 작업이 가능한 능력

- Established and implemented administrative policies and procedures for the office: 새로운 직무를 만드는 능력

- saving the company $2,000 per year in business trip expenses: 연간 $2,000의 비용 절감을 한 성과를 수치화시켜 구체적으로 표현. 지원자의 열정과 주도적인 면모를 볼 수 있음. 면접관의 질문을 끌어낼 수 있음

- Prepared monthly expense reports: 매달 timeline에 맞춘 보고서 작성 능력

- Provided secondary support: 협력과 배려의 태도를 보여줌으로 비서의 자질을 드러냄

❹ Leadership and Activities

Leadership and Activities의 필수 항목 내용은 다음과 같다.

  - Organizations

  - Locations

  - Dates

  - Job title

  - Brief description of your campus and volunteer activities

　　대학 동아리나 전 직장에서 리더십을 발휘했던 경험이나 봉사 활동이 있다면 기술하는 것이 좋다. 레주메는 업무 경력work experience 이 가장 중요한지만, 이런 다양한 활동을 통해 자연스럽게 자신의 개

성과 차별화를 보여줄 수 있어 적극 활용하기를 권한다. 리더십 활동이 따로 없다면, 'Leadership and Activities' 대신 'Activities'로 바꿔도 무방하다.

Leadership and Activities

SECRETARY UNIVERSITY WOMEN IN BUSINESS Bold, 대문자   Seoul, South Korea
Vice President 직책: 각 단어 시작 대문자   March-December 2010

- Developed career vision programs for members.
- Coordinated business conference for 20 business professionals and 300 students
  수 표기: 숫자(numerals) or 문자(words)로 통일

LOVE & SMILE (Social Service Community)   Seoul, South Korea
Leader   April 2009-October 2010

- Planned various social activities with community youth association   면접관의 질문을 끌어 내기 좋음.
- Taught English writing skills to 15 junior school students   간결하고 상세한 문장

❺ Skills & Interests

Skills & Interests의 필수 항목 내용은 다음과 같다.

- Technical skills
- Foreign languages

위의 항목은 선택 사항이긴 하지만 대부분의 기업이 비서직 지원자의 직무 요건으로 컴퓨터 활용 능력과 외국어 실력을 요구한다. 가능한 한 외국어 구사 능력과 함께 레벨을 명시하는 것이 좋으며, 기

업 측에서 공인 점수를 요구한다면 반드시 기재해야 한다. 자격증은 비서 업무와 관련된 것은 기재해도 좋지만, 현재 외국계 기업에서 인정하거나 특별한 메리트merit가 있는 자격증은 없다. 취미나 관심 사항을 적는 이유는 면접 때 다른 지원자와 비교해서 한 번 더 질문을 끌어낼 수 있는 사항이 될 수 있다. 예를 들면, 와인에 관심이 있고 이 부분에 대해 질문을 받는다면 "와인에 관심이 있어 명절이나 기념일 등 상사나 지인들에게 좋은 와인을 추천할 수 있습니다."라며 자연스럽게 관심사가 비서 직무로까지 연결될 수 있다. 때문에 관심사나 취미도 전략적인 측면에서 기재할 필요가 있다.

컴퓨터 활용 능력을 기재하는 방법은 아래와 같다.

- Expert in Microsoft, with a focus on Excel
- Proficient in Microsoft Word, Excel and Power Point
- Microsoft Excel and Access, Java and HTML

다음으로 외국어 능력을 기재하는 방법은 아래와 같다.

기초 수준 초등학교 수준의 읽기와 쓰기가 가능하며 간단한 구절phrase 또는 문장sentence 표현이 가능한 수준.
예) Basic English 또는 Beginning level in French

회화 수준 본인과 가족 소개가 가능한 정도이며, 한 주제와 관련해 간단히 질문하고 답할 수 있는 회화 수준.

예) Conversational Chinese 또는 Conversational level
Japanese

업무에 적합한 수준 이메일과 문서 작성, 회의 참여 등 업무를 하
는 데 어려움이 없는 수준.

예) Competent in English 또는 Business-level proficiency
in English

유창한 수준 독해, 영작, 말하기가 모국어에 가까운 수준.

예) Fluent in English

예) Native in Korean (모국어의 경우)

자신의 실력을 평가하기 어렵거나 독해 능력은 뛰어난 편인데,
회화가 초급 수준이라면 독해, 작문, 말하기의 실력을 따로 기재하는
방법도 추천한다.

- English fluent in reading, writing and speaking
- Chinses basic in reading, writing and speaking
- Japanese advanced in reading, intermediate in
  writing, conversant in speaking

Skills & Interests

Technical: Proficient in Microsoft Word, Power Point, Excel and Access
Language: Fluent English and Conversational Chinese
Interests: Wine and Yoga 면접관의 질문을 유발할 수 있는 관심사로 작성

사실에 기반해 실력을
객관적으로 표기
(위의 예시 참조)

05 업무 경험이 부족하면 어떻게 써야 할까?

외국계 기업의 비서 채용 공고를 살펴보면 최소 경력 1년 이상을 원하는 경우가 많다. 대학을 갓 졸업한 초년생이라 실무 경험이 전혀 없거나 1년 정도 근무는 했지만, 딱히 내세울 만한 경력이 없을 수도 있다. 대학이나 동아리 활동 중 프로젝트에 참여했거나 봉사활동 등을 비롯해 리더십을 발휘한 경험(반드시 급여를 받고 근무한 경험이 아니라도) 등을 비서 직무와 관련해 자신이 가지고 있는 잠재적인 가능성과 역량 등을 충분히 보여줄 수 있도록 작성하면 된다.

Leadership Experience

ABC University of Amateur Astronomical Association   Seoul, South Korea
Vice-President   March-December 2015

- Coordinated board and general meetings
- Organized marketing and advertising campaign, resulting in 15% increase in membership
- Developed annual goals for this 50-member student group

경력자라 해도 막상 자기소개서를 쓰려고 하면 난감하기 마련이다. 누구나 인정할 만한 장점이나 뚜렷하게 내세울 만한 성과가 없는 것 같아 자괴감에 빠지거나 자신감을 상실할 수도 있다. 이렇게 스스로에 대한 자신감이 결여된 상태에서 레주메를 작성하다 보면 딱히 쓸 말이 없어 쉽게 포기할 수 있다. 거듭 강조하지만, 시작도 해보지 않고 지레 포기하지 말자. 이때는 마인드부터 새롭게 다지는 것이 가장 중요하다. '할 수 있다. 하면 된다'는 자신감이 많은 것을 변화시킬 수 있기 때문이다. 1~2년 미만의 포지션을 지원하는 경우라면, 단순 반복되는 비서의 필수 업무를 중심으로 작성하되, 아래의 예시를 참고하여 자신의 강점이 드러날 수 있는 표현을 넣어보자.

- Answered phones and handled all calls in a professional manner
- Monitored emails and other correspondence and responded as appropriate
- Coordinated time-sensitive seminars, meetings and presentations
- Managed filing system containing confidential information

Ji-Yeon Kim

11 Sejong-daero, Jung-gu, 107-101 Y APT • Seoul, South Korea, 101-722 • KJY90@abc.ac.kr •
010-1234-5678

Education

SECRETARY UNIVERSITY   Seoul, South Korea
BA in Business, Marketing, GPA 4.0/4.3   February 2016
Full-year scholars hip for academic excellence in 2013
Graduated summa cum laude

UNIVERSITY OF TORONTO   Toronto, Canada
Study abroad coursework in Finance   May-August 2011

HANKOOK HIGH SCHOOL   Seoul, South Korea
Graduated   February 2008

Work Experience

BA & COMPANY   Seoul, South Korea
Administrative assistant, Sales Department   May 2012-March 2015

- Organized filing systems of confidential information
- Created spreadsheets and presentations for top executive officers
- Established and implemented administrative policies and procedures for the office
- Developed new organizational practices, saving the company $2,000 per year in business trip expenses
- Maintained the office database – retrieved and organized information for individual employees
- Prepared monthly expense reports reflecting supporting documents and budget code indexes
- Provided secondary support to the CEO in secretary's absence in areas of calendar management, document preparation and travel arrangements

B TRAVEL AGENCY   Seoul, South Korea
Intern   June -December 2010

- Answered phone calls in a professional manner
- Purchased office equipment and supplies, and was careful to adhere to budgeting practices
- Responded to general inquiries about flight reservations
- Sorted and distributed incoming correspondence, including faxes and emails
- Translated travel news on B travel agency website

Leadership and Activities

SECRETARY UNIVERSITY WOMEN IN BUSINESS   Seoul, South Korea
Vice President   March-December 2010
- Developed career vision programs for members.
- Coordinated business conference for 20 business professionals and 300 students

LOVE & SMILE (Social Service Community)   Seoul, South Korea
Leader   April 2009-October 2010
- Planned various social activities with community youth association
- Taught English writing skills to 15 junior school students

Skills & Interests

Technical: Proficient in Microsoft Word, Power Point, Excel and Access
Language: Fluent English and Conversational Chinese
Interests: Wine and Yoga

06 비서 관련 업무를 강조하는 방법

다양한 Action Verb를 참고해 직무의 성과를 기술할 때는 중복되지 않게 동사를 활용할 수 있어야 한다. 직무의 특성상 관리, 계획, 제공, 관리, 조정 등의 의미를 가진 동사를 활용해야 한다. 비서 직무와 관련한 동사 활용 예시와 주로 쓰이는 Action Verb는 다음과 같다.

예시 1   Provided professional administrative support

예시 2   Organized filing system of confidential information

예시 3   Coordinated activities with other executives to ensure timely completion

예시 4   Planned and scheduled meetings

다음은 콜롬비아 대학Columbia University에서 제공하는 Action Verb 리스트를 참고(http://www.careereducation.columbia.edu/resources/tipsheets/general-resources-action-verbs)해서 비서 직무와 관련한 레주메 및 커버레터에 활용될 수 있는 Action Verb로 재구성했다. 참고해서 활용해보길 바란다.

Action Verbs for Administrative Assistant

• Management and Leadership

Accomplished	Achieved	Activated	Administered
Advised	Adapted	Allocated	Analyzed
Appointed	Approved	Arranged	Authorized
Controlled	Coordinated	Counselled	Developed
Delegated	Determined	Devised	Directed
Encouraged	Expedited	Explained	Enforced
Executed	Guided	Implemented	Initiated
Instructed	Managed	Motivated	Organized
Planned	Purchased	Recruited	Regulated
Scheduled	Supervised	Trained	

• Communication

Addressed	Arbitrated	Arranged	Authored
Collaborated	Convinced	Corresponded	Delivered
Developed	Directed	Documented	Drafted
Edited	Energized	Enlisted	Formulated
Influenced	Interpreted	Lectured	Liaised
Mediated	Moderated	Negotiated	Persuaded
Presented	Promoted	Publicized	Reconciled
Recruited	Reported	Rewrote	Spoke
Suggested	Synthesized	Translated	Verbalized
Wrote			

• Helping

Assessed	Assisted	Clarified	Coached
Counseled	Demonstrated	Diagnosed	Educated
Enhanced	Facilitated	Familiarized	Participated
Proposed	Provided	Referred	Rehabilitated
Represented	Served	Supported	

• Creative

Acted	Composed	Conceived	Conceptualized
Created	Customized	Developed	Directed
Established	Fashioned	Founded	Illustrated
Instituted	Integrated	Introduced	Invented
Originated	Performed	Published	Redesigned
Revised	Revitalized	Shaped	Visualized

• Technical

Audited	Designed	Installed

• Research

Collected	Compiled	Developed	Distributed
Edited	Estimated	Examined	Formulated
Identified	Informed	Interpreted	Inspected
Investigated	Resolved	Reviewed	Solved

• General

Cooperated	Maintained	Obtained	Reviewed	Supplied

심사숙고해서 이력서를 완성했으니 이제 제출하기만 하면 된다. 이때 한 가지 더 필요한 절차가 남아 있다. 바로 이력서를 제출하기 전에 반드시 검토를 해야 한다는 것이다.

하지만 이력서를 완성하기까지 수없이 쓰고 지우기를 반복하다 보면 정작 본인은 오류를 발견하기 어려울 수 있다. 따라서 영작문을 검토해줄 수 있는 지인이나 전문가에게 의뢰해 마지막 점검을 하는 것이 좋다.

1차는 자신이 여러 번 검토하고 2차는 업계 경력이 있는 선배나 교수님 또는 외국계 기업에서 근무하는 지인을 통해 감수를 받길 바란다. 주변에 검토를 부탁하고 피드백을 받는 가장 큰 이유는 현실성 있고 객관적인 조언을 받을 수 있기 때문이다. 먼저 작성한 레주메를 통해 지원자의 어떤 강점이 매력적으로 다가왔는지, 인사 담당자에게 어필하고자 하는 내용이 잘 전달되었는지 객관적인 평가를 받는 절차가 반드시 필요하다.

마지막으로 3차는 영어 문법과 철자를 교정해줄 수 있는 사람에게 마무리 검토를 받는 것이 좋다.

지원자들이 열심히 써놓고도 사소한 실수로 인해 서류를 통과하지 못하는 경우가 의외로 많다. 아무리 스펙이 훌륭해도 일목요연하지 못하고 실수투성이인 레주메는 지원자의 기본적인 문서 작성 능력을 보는 1차 테스트에서 통과하기 어렵다. 아니 통과할 수 없으니 이 점을 반드시 유의한다. 원하는 기업에 입사하기 위해서는 레주메를 제출하기 전 검토에 많은 시간을 투자해야 한다.

☐ 글씨체와 크기 확인

　Times New Roman 또는 Arial, 글씨 크기 10~12pt의 일관성

☐ 총 A4 용지 한 장

☐ 깔끔하고 보기 좋은 구성 형태

☐ Action Verb : 동사의 과거형

☐ 다양한 동사 활용 : 중복되는 단어

☐ 오탈자 확인

☐ 문장부호(쉼표, 마침표 등) 확인

☐ 해당 기업에서 원하는 파일 제목 또는 저장 양식(docx, pdf) 확인

Personal Information

☐ 이름, 주소, 이메일 영문으로 정확히 기재

☐ 휴대폰 번호 확인

Education

☐ 최근 연도순으로 작성

☐ 학교, 전공, 졸업(예정) 날짜 영문으로 정확히 기재

☐ GPA(학점) 확인

□ 교환학생 프로그램 기재 확인(해당자에 한해)

□ 장학금, 수상 경력 기재 확인(해당자에 한해)

Work Experience

□ 최근 연도순으로 작성

□ 회사명, 부서, 직책 영문으로 정확히 기재

□ 근무 기간 증빙 서류와 대조해서 정확히 기재

□ 주요 직무 설명 Bullet Point로 작성

□ 문장의 간결함

□ 어려운 단어 사용 지양

□ 자신의 강점이 부각되었는지 확인

□ 채용 공고의 직무 기술서에 맞춰 작성

□ Action Verb 활용의 다양성

□ 수치화된 문장 활용(해당자에 한해)

Skills & Interests

□ 비서 직무와 관련된 기술 및 자격증 기재

□ 자신만의 스토리가 있는 취미 및 특기 작성

□ 객관적인 언어 구사 능력 기재

외국계 기업이라고 해서 레주메와 커버레터만 제출하는 것은 아니다. 기업에 따라 국문 이력서를 제출해야 하는 기업도 상당히 많다. 채용 공고를 확인할 때 필수로 제출해야 하는 서류를 반드시 확인해야 한다. 서류 심사자가 한국인일 경우 국문 이력서를 보고 판단하는 것이 더 쉽기 때문에 국문 이력서도 최선을 다해 작성해야 한다. 국문 이력서를 먼저 작성하면 자신에 대해 생각해 보는 시간을 가졌기 때문에, 형식은 다르더라도 레주메와 커버레터를 더 수월하게 작성할 수 있는 장점이 있다. 국문 이력서의 작성법은 '국내 비서 편'을 참고하자.

커버레터로 자신만의 매력 어필하기

커버레터Cover Letter란 말 그대로 레주메의 표지 역할을 하는 자기 PR문이며 채용 심사 과정의 일부라고 생각하면 된다. 보통 한국에서는 커버레터를 레주메와 함께 작성해서 제출하는 것이 일반적이다. 커버레터는 보통 Opening, Middle 그리고 Closing Paragraphs 형식으로 세 문단 또는 네 문단 정도로 이루어지며 레주메와 마찬가지로 한 장 분량으로 작성한다.

01 커버레터는 왜 중요한가?

커버레터란 레주메의 표지 역할을 하는 형식 중 하나다. 일종의 자기 PR이며, 자기소개서 형식의 문서이기도 하다. 커버레터가 중요한 이유는 레주메가 국내 이력서와 달리 Bullet Point 형식으로 성과에 대해 기술하기 때문이다. 따라서 처음 커버레터를 접하는 지원자들은 레주메에 썼던 문장을 그대로 옮기면서 왜 똑같은 내용을 두 번 반복해야 하는지 의문을 갖는다.

결론부터 말하자면, 레주메를 편지 형식으로만 바꿔서 커버레터를 작성하면 안 된다. 커버레터를 쓰는 이유는 레주메에서 썼던 성과를 바탕으로, 자신이 어떤 역량을 가지고 있으며 다른 지원자와는 무엇이 다른지, 그들과의 차별성은 무엇인지를 나타내기 위함이다. 또한 인터뷰를 할 수 있는 '기회를 가지고 싶다'고 요청하는 편지이기도 하다. 커버레터는 자신의 최대 경쟁력이 무엇인지를 강조함으로써 채용 담당자의 눈과 마음을 사로잡는 것이 가장 중요한 포인트다.

채용 담당자가 커버레터를 중요한 자료로 생각하는 또 다른 이유는 작문 실력을 평가하기 위함이다. 글의 구조와 자신의 생각을 얼마나 짜임새 있게 잘 구성했는지에 따라 문법과 어휘 실력을 평가할 수 있는 좋은 도구가 되기 때문이다. 하지만 과한 욕심에 화려한 미사여구나 복잡한 문장을 쓰지 않도록 주의해야 한다. 인사 담당자가 쉽게 읽어 내려 갈 수 있게 간결한 문장으로 작성한다.

02 커버레터의 구조

커버레터는 한 장으로 완성되며 세 단락에서 네 단락으로 구성된다. 커버레터의 구성은 다음과 같다.

- 본인의 주소
- 날짜
- 지원하는 회사 정보
- 호칭
- Opening Paragraph
- Middle Paragraph(s)
- Closing Paragraph
- 끝맺음 인사
- 서명과 이름

❶ Your Street Address City, Zip Code

현재 거주하는 주소를 기입한다.

❷ Date of Letter

서류를 제출하는 날짜를 기입한다.

❸ Contact Name, Contact Title, Company Name, Street Address, City, State, Zip Code

지원하는 회사의 정보를 기입한다.

❹ Dear

인사 담당자의 이름을 알고 있다면, Dear Ms./Mr. Last name(성)을 적는다. 주의할 점은 이름과 성을 다 적지 않는다. 만약 이름을 모른다면 Dear Hiring Manager로 쓰면 된다.

❺ Opening Paragraph

첫 번째 단락은 이 글을 쓰는 목적, 지원하는 포지션과 어떤 경로를 통해 기업에 대해 알게 되었는지 적는다. 마지막으로 자신이 왜 반드시 인터뷰 기회를 가져야 하는지와 자신이 왜 이 기업에 적합한 인재인지 그 이유를 자신감이 묻어나는 문장 세 줄 정도로 요약해서 기술한다.

❻ Middle Paragraph(s)

두 번째 문단에서는 왜 이 기업에 지원하게 되었으며 비서직을 희망하는 이유를 설명한다. 비서학을 전공했거나 근무한 경험이 있다면 기술하되, 레주메에서 이미 적었던 내용을 그대로 반복해서는 안 된다. 이때는 구체적인 예를 두세 가지 드는 것이 가장 좋다. 비서 업무와 관련된 기술과 능력을 Bullet Point로 강조해서 표현하는 것을 추천한다. 비전공자나 경력자가 아니라도 인턴 또는 다른 활동의 경험을 바탕으로 비서 업무와 연관 지어 작성한다.

❼ Closing Paragraph

마지막 문단에서는 지원하고자 하는 비서직에 대한 관심을 다시 한 번 강조하고, 자신의 잠재 역량이 조직에 기여할 수 있음을 전달한다. 이 지원서를 읽어준 것에 대한 감사를 표시하고, 마지막 문장은 인터뷰 기회를 요청하는 것으로 마무리한다.

❽ Sincerely

끝맺음 인사는 보통 'Sincerely', 'Sincerely yours', 'Regards', 'Best regards'를 주로 사용하는데, 비즈니스 형식에 적합한 Sincerely를 권장한다.

❾ Your Name Typed

끝맺음 인사 다음에는 두 줄 정도 띄우고 이름과 성을 적는다.

Cover Letter Template

생략 가능

Your Street Address
City, State Zip Code ──── 지원자의 주소

Date of Letter ──────── 제출하는 날짜

정확한 정보 기재

Contact Name
Contact Title
Company Name ──── 담당자 이름(full name), 직책,
Street Address　　　　회사명, 주소
City, State, Zip Code

가능하면 인사 담당자 이름을 기재하고 이름 뒤에 콜론 사용하기

Dear ___________: 　　　담당자 이름(성은 제외)

Opening paragraph

☐ 이 글을 쓰는 목적이 잘 드러나 있는가?
☐ 비서 포지션을 명시했는가?
☐ 기업명을 알게 된 경위 혹은 채용 공고를 확인한 경로를 기재했는가?
☐ 해당 기업의 비서 포지션에 본인이 적합한 이유를 세 가지 정도로 요약해서 제시했는가?

간략하면서도 상세한 표현으로 지원자의 레주메를 읽고 싶도록 문장 완성하기

Middle paragraph(s)

☐ 해당 기업에 대한 관심과 비서직에 지원하려는 이유가 잘 설명되어 있는가?
☐ 비서 경력 또는 유사 사무직에 대한 예시를 작성했는가?
☐ 공고의 직무 기술서와 부합한 본인의 강점을 Bullet Point로 작성했는가?
☐ Bullet Point는 5개를 넘지 않는가?
☐ 이력서의 내용을 그대로 중복해서 쓰지는 않았나?
☐ 자신감 있는 태도가 느껴지는가?
☐ 문장의 구조가 깔끔하고 쉽게 이해할 수 있는가?
☐ 내용이 길어진 경우 두 문단으로 적합하게 나누었는가?

지원하는 기업을 위한 다짐과 포부가 잘 드러나도록 작성하기

Closing paragraph

☐ 해당 기업의 비서 포지션에 대한 강한 의지가 잘 드러나 있는가?
☐ 자신의 강점을 바탕으로 비서가 되고 싶은 열정과 포부를 잘 표현했는가?
☐ 지원서를 읽어준 것에 대한 감사함을 표시했는가?
☐ 인터뷰 기회를 요청했는가?

Sincerely, ─────────── 끝 맺음말

Your name typed ─────── 지원자 이름(full name)

03 성공적인 커버레터 작성하기

1. 커버레터 작성 시 기업의 비서 포지션에 대해 충분히 조사하고 작성하는 것이 좋다. 만약 해당 포지션에 대한 정보를 쉽게 얻을 수 없다면 회사 홈페이지를 통해 조직의 비전과 가치, 조직도 등을 살펴본 다음 작성하자. 기업이 원하는 바와 자신의 비전을 일치시켜 적임자임을 보여주는 것이 바람직하다.

2. 문장은 간결하고 일관성 있게 써야 하며, 사실에 기반을 두고 과장되거나 허황되지 않게 작성해야 한다.

3. 커버레터를 심사하는 채용 담당자가 한국인일 가능성이 높기 때문에 화려한 미사여구를 쓰거나 복잡한 문장으로 이해하기 어려울 경우 감점 요소가 될 수 있다. 인사 담당자의 입장에서 작성하는 습관을 갖도록 하자.

4. 자신의 역량을 강조할 때는 이를 뒷받침할 수 있는 적절한 예시를 사용하여 자신만의 강점을 잘 드러내야 한다.

5. 'I'와 같은 인칭대명사의 사용 빈도는 높지 않은 것이 좋다.

6. 커버레터를 자신의 마케팅 도구로 생각하고 다양한 동사를 활용해서 작성한다.

7. 레주메와 커버레터에 동일한 글씨체와 글자 크기를 썼는지 확인한다.

8. 이메일로 전송할 때는 포맷을 유지하기 위해 PDF 파일로 전환하고, 재확인한다.

04 커버레터 작성 후 검토하기

레주메와 마찬가지로 커버레터도 세밀하게 검토해 실수한 부분 없이 기본에 충실하게 작성해야 한다. 문법과 오탈자 외 문서의 레이아웃과 회사 정보가 정확히 기입되었는지, 자신의 역량과 강점이 제대로 표현되었는지 등을 중심으로 검토하는 것이 바람직하다. 타인에게 검토를 부탁할 경우 다음의 사항을 중점적으로 확인해줄 것을 요청하자.

- ☐ 어색한 문장이나 문법 오류, 오탈자 확인
- ☐ 레주메와 커버레터 내용을 비교해서 일관성 있게 쓰여졌는지 확인
- ☐ 비서 포지션과 서술한 내용과의 관련성 여부 확인
- ☐ 검토자가 인사 담당자라면 커버레터 내용을 보고 인터뷰할 기회를 줄 것인가에 대한 여부 확인
- ☐ 검토 후 지원자가 쓴 내용 중 어떤 부분이 기억에 남는지 핵심 포인트 확인

May 3, 2016

Ms. Kathy Joo

Senior Manager

DEF Cosmetic Company

#11-7 Seocho-dong, Seocho-gu

Seoul, South Korea 136-070

Dear Ms. Kathy:

I am a senior at ABC University and am writing to apply for the position of Administrative Assistant at the DEF Cosmetic Company posted in ABC's Careers database. I am certain I would be a perfect fit for the position at hand and would be keen to contribute my significant abilities and experience in organizing and prioritizing documents. I am a highly capable and experienced in the detailed preparation of reports and projects, and make an excellent assistant for all who require my skills when necessary.

My resume outlines my skills and knowledge in Tourism and Hospitality as well as administrative work. During my time as an intern at the GHI International hotel, I acquired a good understanding of the principles and practices of filing, faxing, copying, making spreadsheets, entering data, answering multiple phone lines, planning, and became familiar with records management and a wide-range of administrative tasks. I believe all aspects of my past experience can benefit DEF Cosmetic Company. Key qualities which I possess for the success of the position include the following:

- Exceptional organizational and customer service skills
- Keen attention to detail
- Proficient in Microsoft Office Programs
- Detail orientated, accurate, flexible and reliable
- Strong verbal and written communication skills

I believe my background and advanced skills would be an ideal match for the requirements of this job. I am very eager to learn more about the position and would appreciate the opportunity to speak with you about my qualifications. Thank you for taking the time to review my attached resume, and I look forward to hearing from you.

Sincerely,

Yoojin Kim

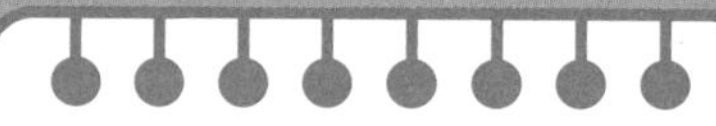

PART 3

외국계 비서가 되기 위한 마지막 관문

성공적인 면접을 위한 전략

서류 전형이 통과되었다는 통보를 받았다면, 이제는 채용의 마지막 관문인 면접이 남아 있다. 외국계 기업의 비서 채용 면접은 처음부터 끝까지 영어로만 진행되는 기업과 외국 정부기관이 있고, 한국어로 진행되다가 갑자기 영어로 질문하는 기업, 한국어로 상당 부분 진행되다가 자기소개 또는 직무와 관련해 영어로 표현해보라는 기업이 있다. 어떤 방식으로 면접이 이루어지는지 사전에 알아보고 대비하는 것이 좋다. 성공적인 면접을 위한 팁을 알아보고 자신에게 맞는 전략을 세워보도록 하자.

01 외국어는 기본, 바른 에티튜드Attitude 키우기

외국계 기업의 면접을 보기 위해서는 가장 먼저, 지원하는 기업이 원하는 해당 외국어를 구사할 수 있는 언어 실력이 갖춰져야 한다. 레주메에 쓰인 어학 점수 또는 지원자의 외국어 강점을 보고 서류 전형을 통과시켰지만, 면접은 실제로 외국어를 어느만큼 구사하는지를 검증하는 시간이기도 하다. 성공적인 면접을 위해서는 무엇보다 스피킹과 영어 모의 면접의 연습을 많이 하면 할수록 도움이 된다.

국내 기업의 모국어 면접도 한국어를 할 줄 몰라서 면접을 못보는 것은 아니지 않은가. 지나치게 긴장하고 당황해서 적합한 단어가 떠오르지 않거나 질문에 적절한 답변을 하지 못하는 경우가 비일비재하다. 모국어 면접도 이럴진대 하물며 외국어로 면접을 볼 때는 긴장감이 오죽하겠는가. 방법은 하나밖에 없다. 영어가 모국어가 아닌 지원자들은 오로지 연습밖에는 다른 방법이 없다. 연습을 통해 영어 실력을 키우는 것은 물론 면접 상황에서 영어로 대처하는 능력까지 키워야 한다.

그렇다고 면접이 영어 실력만 테스트하는 자리는 아니다. 영어를 구사하는 능력이 굉장히 뛰어나더라도 면접을 보는 사람으로서 바른 자세를 갖추지 않았다면 결코 성공할 수 없다. 영어는 존댓말은 없지만 공손한 표현들은 있다. 예를 들면, 'You guys', 'You know' 또는 'Oh yeah'와 같은 구어체보다는 'Yes' 또는 'Sure, certainly'라고 정확히 대답하고, 질문할 때도 'Can I ask…?', 'Could you please…?'라고 격식을 갖춰 말하는 습관을 갖자. 영어 실력은 외국인 상사를 보좌하고 업무를 처리하는 데 부족함은 없는지 보는 것이지, 언어 실력이 전부는 아니다. 면접자로서, 예비 비서로서 갖추어야 할 기본적인 예의를 놓쳐서는 안 되며, 면접관의 질문이나 조언에 경청하는 자세를 보여야 한다.

나 역시 취업 준비생 시절 서치펌을 통해 여러 기업에서 면접을 봤다. 첫 번째로 호주 금융계 기업의 면접이 확정되어 호주 사람과 1차 면접을 했다. 약 30분간 진행되었는데 분위기가 아주 좋았던 것으로 기억된다. 하지만 결과는 탈락. 끊임없이 웃으며 대화를 했기 때문에 '탈락 소식'이 꽤나 충격적이었다. 왜 떨어졌을까? 30분이라는 면접 시간 동안 업무와 관련된 질문을 받은 기억이 거의 없었다. 호주 여행이나 음식과 관련한 수다만 실컷 떠들다 온 것이 전부였다. 분위기가 어색해질까 면접자였던 나는 채용과는 전혀 상관없는 질문까지 했다. 면접관이 웃으며 편하게 배려해준 것에 대해 적당한 긴장감도 없이 올바르지 못한 태도를 취했다는 생각이 들었다. 한동안 부끄러워하며 반성했던 기억이 아직도 생생하다.

02 자신감과 열의 보이기

무엇보다 자신을 어필하기 위해 가장 좋은 방법은 자신감을 보여주고 해당 기업에서 근무하고 싶은 열정과 의지를 표현하는 것이다. 능숙하게 답변하지 못하는 순간이 오거나 영어 단어가 갑자기 생각나지 않을 때는 일단 한국어로라도 말할 것을 추천한다. 운이 좋게 외국인 면접관이 한국어를 할 줄 안다면 그 모습을 귀엽게 봐줄 수도 있고, 혹시 알아듣지 못한다면 "긴장해서 단어가 생각이 안 났다. 중간에라도 생각나면 말씀드리겠다."라며 유연하게 넘어가는 순발력을 보여주는 것도 좋은 방법이다. 이런 모습 자체가 자신감이 있기 때문에 나오는 대처 능력이라 볼 수 있다. 그러니 자신감을 잃지 않고 다음 질문에 대응할 수 있는 위기 대처 능력을 키워야 한다. 또한 직무와 관련해서 경험이 없거나 어려운 질문을 받더라도 빠른 업무 적응 능력을 바탕으로 금세 배울 수 있다는 자신감을 표현하는 것이 좋다.

03 면접관에게 질문하기

면접이 마무리되어갈 즈음 대부분의 면접관이 "궁금한 점 또는 질문이 있나요?(Do you have any questions?)"라고 물어보는 경우가 많다. 그때 우물쭈물하거나 질문이 없다고 하는 것보다는 하나 이상의 질문을 하는 것이 좋다. 그 이유는, 면접자에게 발언의 기회를 주는 동시에 해당 기업과 직무에 대한 면접자의 관심도와 열의를 볼 수 있기 때문이기도 하다. 그렇다면 어떤 질문을 하고 인터뷰를 마무리하는 것이 좋을까?

❶ 지원한 기업 관련

- How do the company's departments work together?
- What is the biggest challenge you are facing?
- What are the key issues facing the organization at the moment?

이런 질문은 지원한 기업의 시스템이 어떤 식으로 돌아가고 있는지 관심을 보이며 조직의 앞날까지 생각하고 있다는 이미지를 줄 수 있다. 또한 지원자의 능력과 자질이 이 기업과 함께하는 데 있어 어떤 의미가 있는지 보여줄 수 있는 기회가 되기도 한다.

❷ 상사와 함께 일하기

- How do you like to communicate with your assistant?
- What do you enjoy about working with your assistant?

비서 업무는 상사 또는 팀원들과 함께 얼마나 조화를 이루며 일하느냐가 중요하다. 때문에 상사의 성향을 파악하는 질문을 함으로

써 아이디어를 얻는 것도 한 방법이며, 앞으로 함께 근무할 상사 또는 팀원들에 대해 관심을 가지고 있다는 것을 보여주는 기회이기도 하다.

❸ 조직에 대한 기대

- As I evaluate available administrative assistant jobs, I'd like to ask, do you offer any career development opportunities?
- What have previous assistants in this role achieved and what are they doing now?
- Is there scope for additional responsibilities once the assistant is established in the role?

입사 후 기업에서 제공해줄 수 있는 트레이닝 기회에 대한 질문과 담당하는 직무를 성공적으로 수행한 이후 다른 직무의 기회를 얻을 수 있는지에 대한 질문이다. 끊임없이 성장하고 싶은 욕구와 조직에 장기간 근무하며 회사 발전에 더 많은 기여를 하고 싶다는 의미를 내포한다. 지원자의 야망과 열정을 보여줄 수 있는 질문 유형이다.

❹ 비서 직무

- What do you think are the hardest aspects of the role?
- What personality type would the ideal candidate for this role have?

- What characteristics or qualities would a person in this position need to be successful?

지원한 포지션과 직무에 관해 배우려는 자세와 열심히 일하겠다는 의욕을 보여줄 수 있는 질문들이다. 또한 해당 조직이 어떤 사람을 원하는지 알아볼 수 있는 질문에 속한다.

❺ 채용 프로세스

- What are the next steps?

이 질문은 면접이 끝나면 어떤 프로세스가 남았는지, 결과가 나올 때까지 얼마나 기다려야 하는지 궁금한 점을 물어보는 동시에 면접이 끝나도 채용 과정에 관심이 있음을 보여준다.

여기서 잠깐!

그렇다고 아무 질문이나 하는 것은 오히려 감점 요소가 될 수 있다. 예를 들면, 휴가 및 연차, 연봉, 상사의 성격과 같은 개인적인 질문 등은 직무나 포지션에 대한 열정을 반감시킬 수도 있으니 피한다.

04 면접 질문 유형 파악하기

영어로 인터뷰가 진행된다면 외워서 책을 읽듯 얘기하기보다는 질문 유형과 간단한 답변을 숙지한 다음 문법과 어휘에서 다소 실수하는 한이 있어도 최대한 자연스럽게 대답하는 것이 좋다. 비서 포지션 인터뷰 중 자주 나오는 질문을 위주로 예시를 살펴보면 다음과 같다.

General Administrative Experience

Q Why do you want to be an administrative assistant?

A I have recently graduated and see this position as the best possible start to my career, and would be a tremendous opportunity to learn new skills and gain valuable experience. I genuinely enjoy making others happy and helping them to succeed and I feel this position would fit my personality perfectly. Also, I am one of those people who really enjoys being super organized, which is why I started looking into become an administrative assistant.

비서 경력이 없는 지원자에게 왜 비서가 되고 싶은지에 대한 질문은 면접관이 가장 많이 하는 질문 중 하나다. 답변에서는 서포트 역할의 비중이 높은 비서 직무가 자신의 성향과 잘 맞는다는 것을 표현하면서 비서가 되고 싶은 이유를 설명하는 것이 무난하다.

Q   Describe your administrative experience.

Q   How does your previous experience make you a suitable candidate for this job?

Planning and Organizing

Q   Do you have any experience with multitasking? How did you handle it?

A   I have always worked on my time management skills. In the morning I would write down everything that needed to be done to determine the importance of each task and prioritize accordingly. Doing so, I wasted no time in work and was rarely faced with having to multitask.

비서 직무는 상사를 비롯한 팀원들이 업무를 부탁하는 경우도 있는데, 갑자기 한꺼번에 많은 업무가 요구될 때가 있다. 이럴 경우 지원자가 어떻게 대처하는지 평가하고 싶은 항목이다. 답변에서는 그동안의 경험을 바탕으로 중요한 업무의 우선순위를 정해 해결한 사례를 설명하고 있다. 이는 시간 관리와 의사 결정 능력을 보여주는 답변이다.

연습해보기

Q   Tell me about a situation where you had to reprioritize quickly to meet changing demands.

Q   How do you organize your daily schedule and prioritize your activities?

Problem Solving

Q   How do you handle stress and pressure?

A   I can honestly say that I'm not a person who has a difficult time with stress. When I'm under pressure, I focus, and put things in order of importance and then cross out the task as soon as it's completed.

어느 직무나 마찬가지겠지만 비서 직무는 특히 상사 외에도 팀원들까지 보좌하고, 실수가 없어야 하는 포지션이다. 따라서 긴장감과 스트레스 지수가 높은 편이다. 스스로 이런 정신적인 스트레스를 어떻게 해결하는지, 유연하게 대처하는 탄력 회복성에 대한 질문이다. 답변에서는 스트레스를 잘 받지 않는 편임을 언급한 다음 하나하나 침착하게 우선순위를 두고 해결하는 모습을 보여주고 있다. 굉장히 예민하고, 스트레스를 쉽게 받는다고 답한 지원자는 해소 방법을 얘기하더라도 좋은 이미지를 주기 어렵다. 조금 더 무던하게 접근해 보자.

Q   Describe a complicated problem you recently had to deal with in your job or experience. How did you solve your problem?

Communication Skills

Q   Do you work well with other people?

A   A crucial quality to have as an administrative assistant is the ability to communicate effectively. I've found that when I'm in a difficult situation, it helps to communicate with the other person, understand their perspective and try to work out a collaborative solution whenever possible. For example, working on a number of team projects when I was a university student allowed me to develop my ability to communicate clearly with others, and mediate conflicts between team members. I listened to the concerns of each person, and we discussed ways to resolve our concerns in a way that would make everyone happy.

다른 사람들과 일을 하면서 드러나는 커뮤니케이션 능력과 일반적인 매너의 개념을 알고 싶어 하는 질문이다. 답변에서는 비서로서의 중요한 자질을 커뮤니케이션 능력이라 생각한다며 자신의 생각을 먼저 전달했다. 이어서 자신이 다른 사람과의 관계에서 어려움에 처했을 때 대처하는 방법을 언급하고 있다. 구체적으로 학창 시절 팀 프로젝트를 하면서 다른 팀원들의 이야기를 잘 들어주며 모두가 만족할 만한 해결 방안을 찾는 데 주도적인 역할을 했던 예시를 들고 있다. 다른 사람들과 일하면서 대립 또는 갈등이 없을 수는 없다. 갈등 관계에 직면했을 때 어떻게 그 상황을 극복했는지에 대해 답변하는 것이 바람직하다.

연습해보기

Q　Which is more important — being a good listener or being a good communicator?

Q　How would you describe your communication style?

Q　What types of people do you find it difficult to get on with?

Information Management

Q　What computer programs are you comfortable using?

A　I'm proficient with Microsoft Office programs like Word, Publisher, PowerPoint and Excel. I also have basic Photoshop knowledge and I am an excellent typist. For example, I can type quickly without error.

문서 관리 능력은 업무에서 비중이 높기 때문에 컴퓨터 활용 능력에 대한 질문도 자주 등장한다. 답변에서는 자신이 할 수 있는 프로그램에 대해 언급한 다음 정확하고 빠른 타이핑에 대한 예시를 들었다. 대부분 지원자들의 컴퓨터 관련 자격증 또는 활용 수준이 비슷하기 때문에 위의 답변같이 자신만의 강점 또는 예시를 함께 답변하는 것이 바람직하다.

연습해보기

Q   What sort of data were you responsible for processing?

Personality

Q   What is your greatest strength and how will it help your performance in this position?

A1   My greatest strength is my ability to work effectively with many different people. when I work with others I realize that everyone comes to the table with different priorities and objectives. I keep this in mind when I communicate tasks that need to be accomplished with positive reinforcement and awareness of what others are working on. I know that my communication and interpersonal skills are good and make me an ideal fit for the position.

A2   People say that I am very responsible. My greatest strength is my ability to stay focused on my work and finish tasks earlier than they are due. I'm not easily distracted, and this means that my performance is very high, even in very busy office environments.

A3   My organizational skills are one of my greatest strengths. In my previous internship as an administrative assistant, I restructured the office filing system to make it easier to access client charts and information quickly and efficiently. This experience will enhance my performance in this position because I can prepare for things I'm about to begin and think of what things are needed, things that need to be done, and in the order that makes the most sense and is the most rational and efficient.

자신의 강점에 대해 말하고, 이 강점이 비서 직무에 어떤 도움이 될 것인지에 대한 질문이다. A1 답변에서는, 기업들이 비서직의 가장 중요한 자질 중 하나로 손꼽는 커뮤니케이션 능력을 사례와 함께 강점으로 내세웠다. A2 답변에서는, 업무 집중도와 빠른 일 처리 능력에 대해 강조하고 있다. 신속하고 정확한 업무 능력을 요구하는 비서 직무를 강조하기 좋은 답변이다. A3 답변에서는, 체계적이고 효

율적인 업무 능력을 사례를 통해 보여주고 있다. 세 가지 답변 모두
비서에게 꼭 필요한 자질에 적합한 강점을 내세워 답변하고 있다.

Q   What is your weakness?

A   I can get very impatient when people do not deliver work in
a timely manner. To avoid feeling frustrated with co-
workers, I've learned to establish clear deadlines and give
friendly reminders a few days prior to keep projects on
track.

지원자의 강점에 대한 질문이 있으면 보통 약점도 묻는 질문으
로 이어진다. 답변에서는 정해진 시간 내에 업무를 완수하지 못하는
것에 대한 참을성 부족을 언급했다. 극복 방안으로 정확한 데드라인
을 전달하고 마감 전에 알림을 해준다는 답변을 했다. 약점이라 해서
정말 자신의 취약점을 드러내는 것이 아니라, 노력을 통해 약점을 극
복해나가며 업무적으로 성장할 수 있다는 가능성을 언급하면서 마무
리하는 것이 바람직하다.

Adaptability

Q   Are you willing to work overtime?

A   I understand that the job may require additional hours when
deadlines have to be met, so I would not have a problem

putting in extra time to complete a project.

외국계 기업의 비서직 특성상 야근이 잦거나 많지 않은 편이다. 연장 근무가 가능하냐고 질문하는 것은 실제로 야근이 많기 때문에 가능성을 물어보는 경우도 있지만, 지원자의 열정, 업무를 대하는 태도, 적응력을 평가하고자 하는 질문이기도 하다. 답변에서는 맡은 업무를 완수하기 위해서는 야근이 가능하다고 답변하고 있다. 질문의 의도와 상관없이 상황에 따라 필요하다면 야근을 할 수 있다는 의지를 표현하는 것이 바람직하다.

연습해보기

Q   Tell me about a time when you had to adapt quickly to a new procedure or policy.

Teamwork

Q   Can you share with us an example of teamwork that you experienced?

A   In my last position, I was an intern in the marketing team at H hotel. Our team all worked together to plan and manage the implementation schedule, to prepare the big event for the Chuseok holiday, and ensure that things progressed smoothly so that the event day would go well. Our team always completed our projects ahead of schedule and received very positive reviews from our customers.

답변에서는 팀원들과 함께 공동 목표를 위해 성공적으로 일한 사례를 제시했다. 행사의 일정을 수립하고 차질 없이 진행했으며 고객으로부터 긍정적인 피드백을 받은 것에 대한 결과까지 언급하며 팀워크를 잘 이루었음을 표현했다.

비서직은 이처럼 팀 비서로서 모든 팀원들이 업무를 수행하는 데 차질 없이 서포트하며 조화를 이루는 팀워크도 매우 중요하다. 하지만 무조건적으로 팀워크가 뛰어나다는 것을 강조하기보다는 지원하는 비서직의 근무 형태에 맞춰 답변하는 것이 바람직하다. 오너비서의 경우 독립적으로 근무하는 형태가 이에 속한다.

연습해보기

Q   Do you prefer to work independently or on a team?

Q   What type of support does a team need to function as efficiently as possible?

Introduction

Q   Tell me about yourself.

A   After leaving university in 2015, I accepted a full-time role at ABC company and a spent a year working as a team administrator. My most recent experience has been reporting to manager level personnel, using personal computers for word processing, spreadsheets, and presentation materials. My skills include the ability to work with all levels of people in an organization. Also, my strong points are my attention to detail and the ability to handle multiple priorities in a fast-paced environment. When I commit to doing something, I make sure it gets done, and on time.

I am ready to begin a career with XXX company where my performance will be valued and where I can work with and support successful people at the top of their career.

자기소개로 면접이 시작되는 경우가 종종 있다. 45초 정도가 적당하며, 비서직 경험 또는 유사 직무 경험이 있을 경우 강조하고 싶은 능력을 중심으로 표현해야 한다. 신입의 경우는 대학 시절 가장 내세울 만한 활동 및 경력을 바탕으로 사례를 언급한다. 답변에서는 1년 정도의 팀 비서 업무를 담당한 지원자로서 컴퓨터 활용 능력을 최대 강점 selling points 으로 내세웠다.

조직의 모든 매니저 레벨의 문서 작업을 서포트하며 우선순위 결정 능력과 꼼꼼하면서도 시간 내에 업무를 처리할 수 있는 능력 위주로 자기소개를 했다. 비서의 필수 자질이 잘 드러난 자기소개라 할 수 있다. 시간의 여유가 있다면, 지원한 기업에서 보여줄 수 있는 자신만의 포부를 한 문장 정도로 마무리하는 것도 좋다.

05 면접 커뮤니케이션 방법(외국계, 로펌 & 국내 비서 공통)

면접에서는 '면접관의 호감을 얼마나 잘 이끌어내는가'가 가장 큰 비중을 차지한다. 면접에서 처음 상대방을 봤을 때 호감이 느껴져야 한다. 그것이 대화와 질문으로 이어지는 연결고리가 되기 때문이다.

❶ 아이 컨택Eye Contact

외국계 기업에서 가장 중요한 커뮤니케이션 방법 중 하나는 아이 컨택eye contact이다. 하지만 과도한 아이 컨택은 자칫 공격적인 인상을 줄 수 있으며, 그렇다고 상대방의 눈을 보지 않고 대화하면 자신감이 결여되어 보이거나 면접 자체에 관심이 없어 보여 소극적으로 비춰질 수 있다. 지원자의 아이 컨택에 따라 태도가 좋아 보일 수도 있고, 자연스럽게 관심과 호감을 가질 수도 있다. 이제 면접할 때 어떤 아이 컨택이 효과적인지 알아보자.

그룹 인터뷰

면접관이 여러 명일 경우, 한 명의 면접관에게만 집중해서 아이 컨택을 해서는 안 된다. 답변할 때 새로운 문장이 시작될 때마다 한 사람씩 돌아가며 눈을 마주치면서 대답하는 것이 좋다. 그래야만 모든 면접관들이 나의 이야기에 좀 더 집중할 수 있다.

일대일 인터뷰

면접관의 질문에 대답할 때는 계속해서 아이 컨택을 유지하는 것이 좋다. 그렇다고 면접관의 얼굴을 뚫어져라 쳐다보면 상대방이 불편할 수 있으니 적당한 선에서 조율하는 것이 필요하다. 이럴 때는 아이 컨택을 하다 5초 정도 시선을 다른 곳으로 두었다가 다시 바라볼 것을 추천한다. 잠시 쉴 때 시선을 바닥

에 두면 대화가 끝났거나 이야기 자체에 관심이 없다는 인상을 줄 수 있으니 주의한다. 대신 위쪽 방향이나 옆쪽을 응시하며 무엇인가를 생각하는 척하다 다시 아이 컨택을 하면 자연스럽게 대화를 이어나 갈 수 있다.

경청할 때

면접에서는 당연히 여러 가지 질문을 받게 된다. 지원자가 질문을 듣는 자세부터 평가가 시작되는 것은 당연하다. 경청할 때는 오른쪽 또는 왼쪽 눈 5초, 왼쪽 눈 또는 오른쪽 눈 5초와 말하는 입을 보며 5초 이런 식으로 번갈아 아이 컨택을 하는 방법이 효과적이다. 경청하면서 고개를 끄덕이거나 반응하면서 'yes'의 긍정적인 동의가 필요한 부분에는 나의 의견을 제시하며 말하는 것이 좋다.

❷ 미소

나의 인생이 결정될 수 있는 중요한 면접이기 때문에 모든 지원자는 긴장할 수밖에 없다. 하지만 아무리 긴장되는 상황일지라도 절대 잊어서는 안 되는 커뮤니케이션 방법 중 하나가 바로 '미소'다. 특히 포지션이 비서이기 때문에 기

본적으로 대인관계를 잘할 수 있는 사람인지에 대한 평가가 면접을 통해 이루어진다. 경직되거나 굳어 있는 인상보다는 항상 미소를 잃지 않는 부드러운 인상을 주어야 한다. 그러기 위해서는 꾸준한 연습이 필요하다.

나의 경험에 비추어볼 때 영어보다 중요한 언어는 미소와 모든 걸 수용할 수 있는 오픈 마인드일 것이다. 면접 시 환한 미소와 함께 열린 마음으로 긍정적인 사람이라는 것을 보여주자.

06 면접 전 궁금한 사항은 인사 담당 부서에 문의하기

소수 정예로 면접이 진행되기 때문에 궁금한 사항이 있다면 혼자 끙끙 앓고 고민하기보다는 담당 부서에 이메일을 보내거나 전화로 문의하는 것도 면접을 준비하는 데 도움이 된다. 예를 들면, 보안상의 문제로 휴대폰을 입구에서 반납하고 들어가는 경우도 있다. 이럴 때는 면접 전 다시 한 번 보고 싶은 내용이나 암기할 내용을 프린트해서 가져가는 것이 좋다. 휴대폰 소지가 가능한지, 인터뷰 형식, 인터뷰 외에 다른 테스트는 없는지 등 전달 사항을 미리 받지 못했거나 궁금하다면 직접 문의해보자. 보통 일부러 사전 통보를 안 하는 경우도 있지만, 면접 후 바로 영문서 테스트 또는 예정에 없던 2차 면접을 보는 경우도 있으니 참고하자.

07 면접 전 영어 발음 체크하기

서류 전형에 합격해서 면접을 앞두고 있다. 이때 가장 고민되는 것은 무엇일까? 실제로 자신의 영어 실력을 보여줘야 하는 부담감일 것이다. 언어라는 게 며칠 바짝 공부한다고 실력이 향상되는 것은 아니지만, 그렇다고 손 놓고 면접일만 기다릴 수도 없는 노릇이다. 현실적으로 단시간에 영어 실력을 상승시키기는 어렵지만 자신이 전달하고자 하는 내용을 면접관이 제대로 이해할 수 있도록 필히 발음과 억양 연습은 해야 한다.

원어민처럼 빠르고 능숙하게 말하지는 못해도 천천히 자신의 의사를 정확하게 전달해서 듣는 사람이 잘 이해했다면 성공적인 면접이라 할 수 있다. 아무리 길게 얘기해도 발음이 부정확해서 내용이 제대로 전달되지 않았다면, 비서로서 중요한 자질 중 하나인 커뮤니케이션 능력이 부족한 것이므로 합격이 어려울 수밖에 없다.

영어 발음을 체크해보는 좋은 방법은 문장을 큰 소리로 읽어보고 녹음한 후 다시 들어보면서 어색한 발음을 확인하는 것이다. 그다음 단어를 찾아서 원어민의 발음을 듣고 따라 해보는 것이 좋다. 두 번째로는 지인이나 스터디 모임을 통해 나의 발음을 들려주고 평가를 받는 것도 도움이 된다.

여기서 잠깐!

영어 발음은 앞서 언급했듯이 꾸준한 연습밖에 달리 방법이 없다. 학원이나 원어민 수업 등을 통해 도움을 받을 수도 있지만, 발음을 수정하는 데는 따로 비용을 들이지 않고도 할 수 있는 방법이 많다. 미국 드라마는 속도가 빨라서 CNN과 같은 해외 뉴스 또는 TED 강연 중 스크립트script가 있는 것을 듣고 따라 해보는 방법을 추천한다. 또 다른 방법은 유튜브 사이트에서 'English Pronunciation'으로 검색하면 원어민의 발음을 같이 따라 해보고 연습해볼 수 있는 동영상이 아주 다양하다. 여러 가지 방법 중 자신한테 가장 잘 맞는 방식을 선택해서 꾸준히 연습 또 연습하도록 하자.

로펌
비서 편

☑ *PART 1*

로펌 비서가 되기 위해
이것부터 알아두자

로펌 비서, 무엇이 다를까?

최근 비서직을 희망하는 여대생 중 가장 선호하는 직종이 바로 로펌이다. 로펌이란 회사 형태로 운영되는 법률사무소를 말하며, 로펌 비서는 변호사를 보좌하는 것이 주요 업무이다. 먼저, 로펌이란 무엇이고, 로펌 비서는 무엇이 다른지에 대한 정보를 알아보자.

<u>**01 로펌이란?**</u>

로펌Law Firm은 회사 형태로 운영되는 법률사무소를 말하는데, 최근에는 종합 법률회사 또는 법무법인으로 지칭하기보다 '로펌'이란 단어가 일반화되어 있다. 조금 더 자세히 설명하면, 각 분야의 전문 변호사들이 조직적으로 법률 서비스를 제공하는 것으로, 전문화와 대형화가 서로 맞물리며 성장하고 있다.

국내 로펌의 주요 업무는 국제 통상, 증권 발행, 프로젝트 금융, 특허, 기업 합병, 국내외 투자, 기업 인수 등 기업 활동과 관련된 많은 법적인 문제를 컨설팅한다. 즉 로펌은 고객이 의뢰하는 사건을 처음부터 끝까지 효율적이고 완벽하게 처리함으로써 종합 법률 서비스를 제공한다.

한국은 앞으로 FTA 법률 시장의 개방을 앞두고 있는 상황이다. 외국 로펌이 국내에서 외국법에 대해 영업이 가능하기도 하고, 외국 로펌이 국내 로펌과 합작하는 등 다양한 방법으로 법률 시장이 개방될 것으로 예측된다. 상황이 이렇다 보니 국내 대형 로펌들도 이에 대한 대응책을 마련하는 등 많은 변화가 있을 것으로 여겨진다. 가장 중요한 변화 중 하나는 국내 로펌들이 경쟁력을 강화하기 위해 변호사들을 영입하고 규모를 확대시키는 것이다. 이럴 경우 당연히 변호사들을 보좌하는 로펌 비서들에 대한 충원이 필요할 것이다. 외국계 로펌의 경우도 본격적으로 법률 시장이 개방되면서 경영 지원팀의 채용이 이루어질 전망이다.

02 로펌 비서에 대한 이해

로펌 비서는 변호사를 보좌하는 것이 주요 업무이다. 기본적인 수명 업무 외에도 법원에 제출할 자료를 검토하고 사건의 기록을 정리하는 업무 등은 일반 기업의 비서와는 차별화된 직무라 할 수 있다. 클라이언트에게 사건의 진행 과정을 알려주는 업무도 담당하기 때문에 뛰어난 커뮤니케이션 스킬도 요구된다. 또한 법원에 제출할 자료를 읽어보고 오탈자를 검토하고 수정하는 등 문서를 다루는 업무도 담당한다. 법률에 관한 지식을 갖추었다면 로펌에 대한 이해와 적응력이 빠르겠지만, 그에 대한 지식이 전혀 없더라도 입사 후 교육을 받기 때문에 크게 걱정하지 않아도 된다.

로펌 비서에 대한 관심이 높아지면서 4년제 대졸자의 지원율도 상승하고 있다. 이에 따라 로펌 측도 지원자의 스펙에 따라 채용 기준을 전반적으로 상향시키고 있다. 하지만 대형 로펌 가운데 전문대학 (2~3년제) 비서학과 출신과 다양한 스펙을 평가하여 선발하는 곳도 있으니, '로펌＝고高스펙'이란 등식이 언제나 성립되는 것은 아니다. 법률 시장이 개방되면 아무래도 외국계 로펌의 마케팅으로 시장을 빼앗길 가능성이 있어 타격을 받을 수도 있다. 하지만 국내 변호사들이 해외에 진출해 더 많은 경험을 쌓을 수도 있으며, 서로 상생하는 분위기를 만들어가는 것이 필요하리라 본다.

이런 상황에서 로펌 비서직의 채용은 증가할 것으로 예상되며, 로펌의 입장에서는 보다 글로벌한 인재를 채용하고 싶어할 것이다. 하지만 이런 경향은 비단 로펌 비서에만 국한되는 것은 아니다. 날이 갈수록 모든 직군에서 글로벌한 역량을 갖춘 인재를 원하고 경쟁도 치열해지는 것이 사실이다. 하지만 비서라는 직무의 특성상 가장 중요한 역량은 뭐니 뭐니 해도 상사가 효율적으로 업무를 처리할 수 있도록 보좌하는 것이다. 그러기 위해서는 많은 업무를 아우르고 뒷받침할 수 있는 커뮤니케이션 능력이 필요하다.

'로펌＝고高스펙'은 절대적으로 필요할 것 같은데, 꼭 그렇지 않다는 말에 의구심이 들 수도 있을 것이다. 물론 현실적으로 로펌 비서 채용 공고에 '2~3년제 비서학과 졸업생 우대'라고 명시되어 있지만, 4년제 졸업생의 지원이 몰리고 있는 실정이다. 그렇다면 로펌의 입장에서는 누구를 더 선호할까? 로펌 비서로 맨 처음 직장 생활을 시작하길 원하는 2~3년제 졸업생들은 비서학 전공자로서 비서에 대한 이해를 갖추고 있다. 또한 4년제 졸업생보다 먼저 사회생활을 시작한다는 것이 강점이 될 수 있다. 하지만 이것만으로는 부족하다. 서류 전형에서 노력과 성실성에 대해 평가하는 것은 학점과 토익 점수다.

현실에서는 토익 점수가 1차 서류 필터링filtering의 중요한 부분을 차지하고 있으며, 이는 영어 실력을 평가하는 잣대이기 때문이다. 그러니 토익에서 높은 점수를 확보하는 것이 필요하다. 취직하기 위해 열심히 영어를 공부하면서 가끔 이런 생각을 해본 적이 있을 것이다. '사회에서 영어를 쓸 일이 얼마나 많다고 이렇게 죽기 살기로 공부해야 하나?' 설사 당장은 활용할 일이 없더라도 영어 실력은 앞으로 살아가는 데 좋은 기회로 작용할 것이다. 요즘은 해외 직구를 할 때조차 영어가 필요하지 않는가? 언제 어느 때 필요할지 모르니 오늘은 부지런히 사과나무를 심는 심정으로 토익을 준비하자.

여기서 잠깐!

로펌은 회사마다 약간씩 차이가 있지만, 대부분 변호사, 외국 변호사, 공인회계사, 고문, 전문위원 등으로 구성된다. 또 세무사, 노무사, 변리사도 함께 근무하는 곳도 있다. 점점 공채로 채용하는 경우가 줄고 있지만, 5~10명 정도를 동시에 채용하는 때도 있으며 교육을 마치면 적합한 업무를 배정받는다.

<u>**03 한국10대 로펌**</u>

비서 시장에서는 국내 로펌 비서를 10대 로펌 비서, 6대 로펌 비서, 4대 로펌 비서로 구분한다. 로펌은 매출액이 아니라 근무하는 변호사 수에 따라 대형 로펌의 순위가 정해진다.

변호사 수 기준 6대 로펌

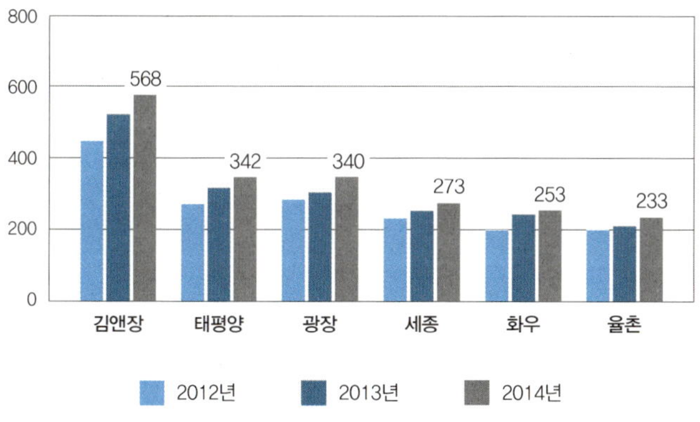

출처 : 공룡로펌들, 먹잇감 싸움 시작됐다 〈주간동아〉 2015.2.2

위의 자료를 바탕으로 6대 로펌은 수년간 큰 변동 없이 김앤장, 태평양, 광장, 세종, 화우, 율촌 순이다. 하지만 10대 로펌은 바른, 지평, 로고스, 충정, 내륙아주, 동인의 순위가 조금씩 변하고 있다. 일반적으로 로펌 비서를 희망하는 구직자는 6대 로펌을 기준으로 준비하는데, 10대 로펌이라고 해서 연봉과 복리후생이 크게 차이 나는 것은 아니기 때문에 각 로펌의 근무 조건을 살펴보는 것이 필요하다.

04 로펌의 채용 경향

로펌 비서도 마찬가지로 수시 채용이 주를 이루지만, 두 가지 형태가 더 있다. 공채 형태와 학교 추천이다. 공채는 일반적으로 1년을 기준으로 최소 한 번 이상, 많게는 서너 번 정도 선발한다. 하지만 많은 대형 로펌에서 인력 감축과 급여 조정 등 몸집 줄이기에 나서고 있어 공채 채용을 줄이고 있는 실정이다. 두 번째는 학교 추천을 통한 입사다. 주로 여대와 서울 상위권 대학을 중심으로 로펌에서 학교 측에 학생을 추천해줄 것을 요청하거나 취업 게시판에 공고되면서 채용이 진행된다. 수시 채용을 지원하는 지원자들이 가장 많이 하는 질문은 다음과 같다.

- 여대 출신이 아닌데 지원해도 될까요?
- 토익과 학점이 높지 않는데 지원해도 될까요?
- 나이가 많은데 지원해도 될까요?

예전에는 이런 이유로 지원 여부를 고민할 만큼 보이지 않는 제한이 있었다면, 요즘은 분위기가 조금씩 변화하고 있다. 어떤 점이 변하고 있는지 아래의 내용을 살펴보자.

❶ 경력직 채용의 증가

몇 년 전만 해도 졸업 예정자와 졸업자(직전 학기)에 대한 채용이 높았고, 여전히 높은 게 사실이다. 최근에는 약간의 경력이나 경험이 있는 비서들의 채용이 증가하고 있다. 현재 취업 트렌드에 발맞춰 로펌에서도 '직무 중심'의 지원자를 선호하기 때문이다. 요즘에는 면접 시 인사 담당자들이 인턴과 사무직 경험을 우선순위에 놓고 질문하는 경우가 늘고 있다. 로펌 비서로 입사하고 싶다면 기본적으로 비서 직무와 관련한 경험과 비서 업무, 회계, 외국어 등을 준비하는 것이 필요하다. 현실적으로 비서 포지션으로 인턴을 할 수 있는 기회는 거의 없다고 봐도 무방하니 사무와 관련된 업무를 비서 직무와 결합해 이력서와 자기소개서를 작성하도록 한다.

❷ 다양한 스펙

과거에는 로펌 비서 하면 여대 졸업생의 비중이 상당히 높았고, 상위권 대학 출신이 주를 이루었다. 여대 출신의 비중이 높았던 이유는 여성 비율이 높은 조직 문화이기 때문에 대인관계를 고려했을 때, 그 문화를 이해하고 적응할 수 있는 자질을 고려했기 때문이다. 최근에는 여대와 서울권 대학 출신이라는 제한을 두지 않고, 공대를 비롯한 다양한 학과와 경험을 갖춘 지원자가 합격하는 분위기도 감지된다.

"저와 면접을 함께 봤던 사람들 중 저의 학벌이 가장 낮은 것 같아서 다른 곳에서 승부를 봐야겠다고 생각했어요. 엄청 긴장하고 속으로는 떨고 있었지만, 미소를 잃지 않고 밝은 모습을 유지하자고 끊임없이 되뇌었습니다. 면접이 끝나고 나오는 순간까지 웃으면서 대답하고 예의 바른 태도로 말투에도 신경 썼어요. 두 번째는 다른 지원자에 비해 스펙이 낮은 부분에 대해 질문했을 때 변명보다는 빠르게 인정하고 취약점을 보완하기 위해 열심히 노력한 점과 저만의 강점을 얘기하면서 분위기를 전환시켰습니다."

다시 한 번 강조하지만, 면접에서 가장 중요한 게 무엇이라고 생각하는가? 당신이 만약 면접관 혹은 기업의 대표라면 어떤 직원을 채용하고 싶은가? 매사에 의욕도 없고 위축되어 자신감이 결여된 직원을 뽑고 싶은가? 당연히 과하지 않으면서 자신만만하되 태도가 바른 사람을 채용하고 싶을 것이다. 그러니 면접장에서 다른 사람들의 스펙을 보고 자신을 과소평가하거나 위축되지 않아야 한다. 서류 심사에 통과해서 면접의 기회가 주어졌다는 것은 동등한 위치에서 단거리 달리기 출발선에 섰다는 것을 의미한다. 침착하게 자신감을 유지하는 것이 성공으로 가는 지름길이다.

❸ 지원 가능한 나이

로펌 비서 지원자가 가장 많이 하는 질문 중 하나가 '나이'와 관련된 것이다. 이는 나이 제한이 심하다는 소문 때문이다. 여전히 24~26살 정도의 지원자가 합격 비중이 높다. 하지만 앞서 언급했듯이 다른 기업의 근무나 인턴 경력을 인정하고, 첫 직장에 취업하는 나이가 점점 늦어지는 추세로 20대 후반의 지원자도 신입으로 합격되는 경우도 간혹 있다. 또한 국내나 외국인 변호사 중 신입보다는 경력직을 원하는 경우가 있기 때문에 30대 지원자의 합격률도 증가하는 추세다.

더 늦기 전에 나이, 스펙 등을 걱정하기보다는 로펌 비서를 하고 싶은 마음이 간절하다면 소신껏 자신감을 가지고 지원해보자. 하지만 20대 중반의 채용이 상대적으로 높기 때문에 로펌의 분위기에 따라 서열 관계가 강한 곳은 나이가 어리더라도 입사하면 먼저 입사한 사람에게 '선배님'이라고 불러야 한다. 나이와 상관없이 사회에서는 선배이기 때문에 이런 호칭이 잘못되었다고 할 수는 없다. 하지만 이런 호칭을 사용하는 게 꺼려지고 자존심이 상한다면 '나이'에 따른 상황을 고려해서 지원하는 것이 바람직하다.

05 로펌의 연봉 수준

로펌 비서를 선호하는 이유 중 하나는 초임이 국내 기업 비서와 비교했을 때 조금 더 높기 때문이다. 로펌 비서들의 평균 연봉은 초임 기준을 4대 로펌, 6대 로펌, 10대 로펌 등으로 구분할 수 있다. 경력직의 경우는 초임보다 조금 높다.

로펌 구분	평균 초임
4대 로펌	3,200만~3,800만 원
6대 로펌	2,600만~3,200만 원
10대 로펌	1,800만~2,600만 원

모든 것이 좋을 수 없는 게 인생이다. 장점이 있으면 단점도 있기 마련이다. 로펌은 초임 연봉이 높은 반면 연봉 인상률은 낮은 편에 속한다. 예를 들면, 초임이 3천만 원 초반이라면, 3천만 원 후반까지 인상되기까지는 꽤 많은 시간이 걸린다.

2015년 말 4대 로펌(A) 비서 합격자 인터뷰

"연봉은 3천만 원 초중반이고, 연봉에 따른 업무 만족도는 높은 편입니다. 로펌을 지원하게 된 것은 고용 형태가 정규직이라는 점, 초임 연봉이 높은 편에 속한다는 점, 근무 시간이 일정하다는 점이 마음에 들었기 때문입니다. 실제로 처음 출근해서 업무에 적응하는 시기가 지나고 나니 그다지 어려운 업무나 돌발 상황이 많지 않아서 수월했어요. 제게 주어진 업무를 근무 시간 내에 끝내면 제때 퇴근할 수 있어서 좋아요. 이런 점에서 기대했던 것만큼 만족도가 높은 것 같습니다."

06 로펌의 조직 특성 및 근무 환경

대부분의 로펌은 외국계 기업과 분위기를 비교했을 때 다소 딱딱하고 위계질서가 엄격한 편에 속한다. 예를 들면, 한 로펌의 경우 이메일 수신인을 기재할 때도 기수 순서대로 적어야 하는 것이 관례이다. 근무 환경은 법과 윤리를 다루는 조직의 특성상 여직원이 느끼거나 직접적으로 당할 수 있는 성희롱 또는 인격모독 같은 불미스러운 상황은 다른 기업에 비해 상대적으로 적은 편이다.

아직까지는 로펌의 비서들이 여성이라 여대 출신이 많은 편이지만, 점점 다양한 스펙과 전문성이 강화됨에 따라 분위기가 많이 변화하고 있다. 로펌에 따라 다르겠지만, 비교적 위계질서가 강한 조직 문화의 로펌이라면 자신의 성향을 먼저 파악한 다음 판단하는 것도 나쁘지 않다. 본인이 생각하기에 남들보다 개성이 강하면서 자유로운 분위기를 선호한다면, 지원하는 로펌의 조직 문화를 미리 알아보는 것도 중요하다.

어떤 조직의 구성원이 되기까지 실력도 중요하지만, 타이밍과 운도 따라줘야 한다. 예를 들면, 최종 합격한 동기들을 살펴보면 공통적인 이미지를 가지고 있는 경우가 있다. 작년 상반기 기수가 대체로 차분한 이미지라면, 하반기 기수는 발랄하거나 개성이 뚜렷한 경우도 있다. 면접도 결국 사람이 평가하는 것이기 때문에 면접관이 선호하는 평가 기준이 조금씩 다를 수밖에 없다. 이런 것을 생각하면 취업이라는 게 불합리한 측면도 있지만, 개인의 힘으로는 어쩔 수 없는 부분이라 생각할 수밖에 없다.

로펌(A) 비서 합격자 인터뷰

"어느 조직이나 막내가 해야 할 일이 있잖아요. 하지만 제가 다니는 곳은 다들 배려해주면서 잘 챙겨주고 생각보다 상하 관계가 심하지는 않아요. 초반에는 함께 입사한 동기들과 정보도 공유하고, 서로 힘든 점도 주고받았는데, 이제는 제가 소속되어 있는 부서 사람들과 더 친하게 지내요. 회사 생활을 잘한다는 것은 어느 정도 전략적인 면도 필요한 것 같아요. 상사와의 관계도 중요하지만, 더 많이 소통하고 시간을 보내는 선배들에게 예의를 갖추고 배우겠다는 자세를 보이려고 노력하고 있어요."

로펌(B) 비서 합격자 인터뷰

"로펌 비서를 준비할 때 다른 로펌에서 일하는 비서 분이 화장실을 갈 때도 보고하는 등 위계질서가 강해서 처음에는 적응하기 힘들었다는 말을 듣고 걱정했어요. 그런데 우리 회사는 가족적인 분위기가 강해요. 저보다 먼저 입사했어도 동갑이면 말을 놓고 서로 도와주기도 하고, 선배님이라는 호칭보다는 나이가 많으면 언니라고 불러요. 그렇지만 항상 마음속으로 편하게 배려해주는 만큼 언니들 입장에서 예의 없거나 기분이 상할 만한 행동은 하지 않아야지 하고 주의하고 있어요."

로펌 비서는 무슨 일을 할까?

로펌 비서는 변호사를 보좌하는 업무 외에도 데이터를 관리하는 업무, 변론 기일과 소송 문건 확인 업무, 송무 업무 등 다양한 일을 한다. 우선, 로펌 비서로의 취업 준비에 앞서 로펌 비서는 어떤 업무를 하는지 알아보도록 하자.

01 왜 로펌 비서인가?

❶ 근무 시간

야근이 많다거나 상사가 퇴근할 때까지 함께 근무하는 등의 상황은
매우 드물다. 보좌하는 변호사의 성향과 당일 업무량에 따라 차이가
있지만, 8시간 근무를 기본으로 하며 'Work & Life Balance'가 충
족되는 근무 환경이다.

❷ 고용 안정성

파견직과 계약직이 늘고 있는 추세지만 정규직이라는 고용 형태가
안정적이다. 여성 직원이 많기 때문에 출산이나 육아와 관련된 복리
후생도 안정적인 편이다. 비교적 육아를 병행하기 좋은 근무 환경으
로 10년 이상 근무하는 비서도 꽤 많을 만큼 근속 연수가 높다.

❸ 업무의 정형화

업무가 비교적 정형화되어 있어 재판 과정, 서면의 종류, 법률 용어

등 생소했던 분야만 익히고 익숙해진다면 일반 기업에 비해 돌발 상황이나 업무에서 크게 벗어나는 직무는 없다고 봐도 무방하다. 합리적인 근무 형태를 유지한다고 할 수 있다.

업무가 정형화된 조직은 매뉴얼에 따라 숙지하고 적용하면서 근무하기 때문에 업무에서 오는 스트레스가 적은 편이다. 이 부분이 로펌 비서의 장점이 될 수 있지만, 거꾸로 생각하면 정형화된 업무가 반복됨에 따라 발전하고자 하는 의욕이 떨어질 수 있어 매너리즘이 올 수도 있다. 업무가 손에 익어 숙달되고 익숙해졌다면 자신의 삶이 보다 발전할 수 있는 계기를 스스로 만들어가는 것도 필요하다.

또한, 앞으로 자신의 삶이 보다 발전할 수 있도록 계획을 세워 균형감을 잃지 않는 것이 중요하다. 그렇다고 너무 욕심을 내서 무리하게 이것저것 배우다 보면 직장생활에 쉽게 지칠 수도 있다. 주어진 업무를 완벽하게 처리한다는 생각으로 업무를 배우고 이를 바탕으로 새로운 업무에 도전해보길 바란다. 변화를 추구하는 성향이 강하다면 로펌 비서를 발판으로 다른 부서의 경력직으로 전환하거나 보직을 겸해 경력을 늘려가는 것도 좋은 방법이다.

로펌(B) 비서 합격자 인터뷰

"입사한 지 얼마 되지 않아 업무를 배워야 해서 야근이 많을 수도 있다고 생각해요. 주어진 시간에 업무를 끝내지 못하면 종종 야근도 해요. 하지만 근무 시간에 집중해서 업무를 처리하기 위해 노력하고 대체로 6시 정시에 퇴근하는 편이에요. 지금까지 일을 하

02 로펌 비서에게 필요한 핵심 역량

일을 잘한다는 것이 어떤 의미인지 생각해본 적이 있는가? 또 어떤 사람이 일을 잘한다는 평가를 받는다고 생각하는가? 모든 직업과 업무가 그렇지만, 비서직에 요구되는 가장 중요한 역량 중 하나는 바로 꼼꼼함과 철저함이다. 로펌은 변호사 업무이기 때문에 다른 어떤 직종보다 실수를 해서는 안 된다. 그러기 위해서는 정확하게 일을 처리하고 혹시라도 있을 수 있는 실수를 사전에 방지하기 위해 더욱 철저하게 검토하는 것이 필요하다. 예를 들면, 증거 자료를 제출하고 법적 문서 및 서류의 준비와 작성, 접수까지 모두 비서가 해야 하는 업무이다. 문서에 오탈자가 있거나 날짜 등을 잘못 기재할 경우 이는 치명적인 상황으로까지 연결될 수 있다.

다른 분야에서는 사소한 실수일 수 있지만 로펌에서는 큰 문제로 확대될 수도 있다. 이처럼 정확성을 요구하는 업무이기 때문에 더욱 세심한 주의가 필요하다. 하지만 신입 사원은 아무리 주의를 기울이고 노력한다 해도 실수가 일어날 수밖에 없다. 때로는 그런 실수로 선배나 담당자에게 주의를 듣거나 문책을 받을 수도 있다. 이런 상황은 비서직뿐만 아니라 모든 신입 사원이라면 겪을 수 있는 일상적인 일이다. 이때 주의를 주는 선배를 야속하게 생각하기보다 이번 실수를 통해 더 많은 것을 배우려는 마음과 태도를 갖는 것이 필요하다.

요구되는 또 다른 역량으로는 변호사뿐만 아니라 선배 비서들과 팀원들 모두 원만한 관계 유지를 위해 필요한 대인관계 역량이다. 팀 비서는 오너 비서와는 하는 일이 다소 다른데, 보좌하는 상사에 대한 충성도는 약하지만 팀원들과 협업하며 일해야 하기 때문에 협력하는 자세가 필요하다. 또한 상대방의 말을 주의 깊게 듣고 행동으로 바로 옮기는 실행력이 중요하다. 마지막으로 기밀을 발설하지 않는 품성이다. 의뢰인이 로펌을 찾았을 때는 인생에서 가장 중요한 사건을 해결하기 위해서다. 의뢰인과 관련된 어떠한 사안도 기밀을 유지해야 하며 이에 대한 직업윤리 의식이 필요하다.

03 로펌 비서의 주요 직무

로펌 비서만의 차별화된 비서 직무는 무엇일까? 로펌별 또는 보좌하는 상사에 따라 업무가 다를 수 있다.

❶ 데이터를 저장하고 관리하는 업무

로펌에서는 데이터를 저장하고 관리하는 것이 정말 중요하다. 의뢰인과 주고받은 메일은 모두 등록한다. 회사를 기준으로 들어온 메일과 보낸 메일, 회사 내부의 메일 등으로 구분해서 받은 날짜와 시간까지 정확하게 저장해서 관리한다. 우편, 팩스 문서 등도 누구나 열람할 수 있게 회사 프로그램에 등록해서 사용한다. 사건이 열리면 그 사건을 담당하는 전문가와 비서가 배당되며, 사건의 주요 관리자는 이메일, 문서 등을 더욱 꼼꼼하게 저장하고 사건이 종결될 때까지 꾸준히 업데이트한다.

❷ 변론 기일과 소송 문건 확인 업무

최근에는 대부분 전자 소송으로 진행되므로 전자 소송 사이트에서 문서를 열람하고 대법원 사이트에서 사건의 진행 상황을 확인한다. 상대방의 항소장 제출, 증거 제출 등 사건 검색을 통해 수시로 확인하며, 그에 맞게 신속하게 대응할 수 있어야 한다. 다양한 기일이 있지만 비서가 가장 중요하게 챙겨야 하는 기일은 불변기일이다. 항고를 할 수 있는 기간이 정해져 있으며 그 기간이 지나면 사건이 종결된다. 반드시 꼼꼼하게 확인하고 기일이 다가오면 내부 회람을 하며 의뢰인에게까지 리마인드를 해주는 과정이 필요하다.

❸ 의뢰인에게 기일 알림 이메일 발송 업무

회사 시스템으로 알림 메일을 발송하며 법원에서 돌아온 변호사가 다음 기일의 일정을 비서에게 전달하면 비서는 의뢰인에게 알림을 메일로 발송한다. 재판 기일이나 선고 기일 등이 다가오면 변호사가 직접 의뢰인과 연락하거나 비서가 메일이나 문자 등으로 일정을 다시 한 번 공지하여 중요한 기일을 잊지 않도록 돕는 업무를 한다.

❹ 변호사 서면 제출 지원 업무

변호사가 서면 제출 시 비서는 직접적으로 참여하지는 않지만 양식에 따라 워드 작업을 하거나 오탈자 확인 등 변호사가 기록한 내용을 정확하게 정리해서 완벽한 문서로 만들 수 있어야 한다. 담당 변호사 지정서, 위임장 등은 정해진 양식에 따라 비서가 작성한다.

❺ 송무 업무

기업에 따라 송무 시스템이 다르다. 예를 들면, A로펌은 두 가지 시스템을 함께 이용하고 있다. 소송과 관련한 기록을 모두 모아 편철해놓은 것을 '기록'이라 하는데, 이를 비서가 관리하는 방식과 송무팀이 관리하는 방식이 있다. 기록을 직접 관리하는 경우는 내보내는 문서와 들어오는 문서에 도장을 찍어 표시하며, 예외를 제외하고는 들어온 날짜가 빠른 순서대로 기록에 편철한다. 서증 목록도 따로 관리하며 보관용, 법원용, 상대방용 등으로 사본을 만들어 제출 또는 보관한다. 하지만 법원에 직접 방문하고 서류를 제출하는 등의 업무는 대부분 송무팀에서 담당하므로 비서는 기록이나 사건 검색을 통해 기일을 관리하고 문서를 등록하는 업무를 주로 한다.

04 로펌 비서 채용 정보

대형 로펌은 홈페이지를 통해 채용 공고를 확인할 수 있으며 취업 포털사이트를 통해 채용이 이루어지기도 한다. 취업 포털사이트에서 채용 공고를 게시해서 해당 사이트를 통해 지원하는 경우와 공고만 확인한 후 해당 로펌 홈페이지에서 지원하는 경우가 있다. 관심 있는 로펌이 있으면 홈페이지에서 지원서를 작성하기 앞서 조직 문화를 엿볼 수 있는 기업 소개와 원하는 인재상을 살펴보기 바란다. 비서직 상시 지원 기간이 비교적 여유로운 경우도 있으며, 기간 내에 모든 서류가 준비되면 제출하고 개별 연락이 올 때까지 기다린다. 또한 학교 구직 정보란에 공고가 올라오기도 하니 학교 취업지원센터도 수시로 확인하는 것이 좋다.

채용 공고 예시

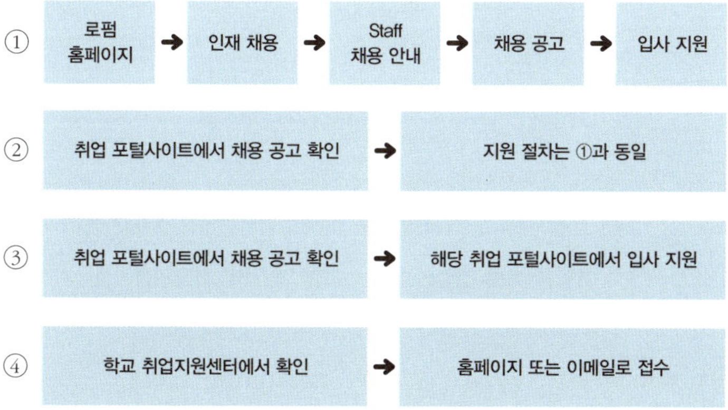

05 로펌 비서는 외국어가 필수일까?

외국인 변호사를 보좌하는 것이 아니라면 영어를 사용할 일은 적다고 할 수 있다. 외국어 능력이 필수는 아니지만, 거의 대부분의 기업에서 외국어 실력이 우수한 사람을 선호하는 것은 사실이다. 영어 혹은 제2외국어 우수자를 선호하는 이유는 외국인 변호사를 보좌하는 경우와 당장은 필요하지 않더라도 영어로 문서를 작성하는 등 외국어 능력이 필요할 때 이를 효율적으로 처리할 수 있기 때문이다. 로펌에 관심 있는 지원자라면 외국계 기업을 준비한다는 선상에서 외국어 실력을 키우길 바란다. 당장 취업에 필요하기 때문에 외국어를 공부하는 게 스트레스가 되고 취업에 걸림돌이 된다고 생각하는 사람도 있을 것이다. 하지만 외국어 능력은 입사해서 자신의 경력을 개발하는 데도 필요한 역량이기 때문에 차근차근 준비한다는 마음으로 접근하는 것이 필요하다.

여기서 잠깐! ━━━━━━━━━━

4대 로펌 서류 합격자의 어학점수를 궁금해하는 지원자들이 많다. 단, 이들은 어학 점수만으로 합격한 것은 아니며, 어학 점수가 합격의 기준은 아니다. 궁금증을 해소하는 정도로만 참고하자.

4대 로펌(순위 순이 아닌 랜덤)	외국어 시험 점수
A 로펌 서류 합격자	토익: 915, OPIc: AL(Advanced Low)
B 로펌 서류 합격자	토익: 940 토익 스피킹: Lv.7
C 로펌 서류 합격자	토익: 890, 토익 스피킹: Lv.6, JLPT: N2, OPIc: IH(Intermediate High)
D 로펌 서류 합격자	토익: 925, 토익 스피킹: 170/Lv. 7, JLPT: N1

로펌(A) 비서 합격자 인터뷰

"저는 몇 년 전 일본어에 흥미를 느껴 취득한 JLPT 점수(N2)가 있어서 이력서에 적었어요. 면접에서 일어를 어느 정도 하는지 질문했고, 솔직하게 간단한 회화와 독해가 가능하다고 말씀드렸어요. 입사해서 교육을 마치고 대기 발령 중 일본인 상사와 면접을 본 다음 지금 함께 일하고 있어요. 일어를 꾸준히 공부한 것이 아니어서 자신감도 없고 난감했는데, 이왕 발령이 났으니 열심히 해 보자 했어요. 다시 일본어를 공부하고 상사와 대화를 하기 시작하면서 실력이 많이 늘었어요. 개인적으로 일본어 실력을 향상시킬 수 있는 좋은 기회라 생각하고 노력하고 있어요. 운이 좋았던 점은 면접 볼 때 일어를 할 줄 아는 사람이 저밖에 없었어요. 저보다 영어 점수가 높았던 지원자가 많아서 위축되어 있었는데, 합격되어서 기뻤어요."

"경우에 따라 토익 800점 이상만 지원 가능한 로펌도 있는데, 제가 근무하는 곳은 그런 제한은 따로 없었어요. 하지만 입사한 다음 동기들과 바로 위 기수 선배들과 어학 점수를 공유한 적이 있어요. 기본적으로 토익은 모두 900점 이상이었어요. 토스나 오픽도 대부분 최고 레벨이었어요. 현재는 직접적으로 영어를 활용할 일은 없지만, 앞으로 업무가 어떻게 변할지 모르고, 글로벌해지는 사회에서 외국어 능력은 필수로 보는 분위기예요."

06 인턴십은 취업에 어떤 도움이 될까?

여대생들과 진로 상담을 하게 되면 몇 가지 공통점이 느껴진다. 그중 하나는, 그들이 가지고 있는 직업관이다. 직업을 갖는 의미가 경제적 자립보다는 부모님과 남들에게 부끄럽지 않은 직업, 성공적인 커리어우먼의 이미지 등을 중요하게 생각하는 듯싶다. '비서'라는 직무를 선택한 학생들은 자신이 원하는 직무를 찾지 못한 친구들에 비해서는 상당히 고무적이라고 할 수 있다. 하지만 비서 중에서도 로펌 비서만을 고집하는 학생들은 이런 성향이 조금 더 강하다. 주도적으로 직업을 선택하기보다 '안정적일 것 같아서' 혹은 '로펌에서 일하는 환경이 마음에 들어서' 등 성공을 보여줄 수 있는 수단으로 직업의 의미를 생각하는 경향이 높은 편이다. 열심히 공부하면 좋은 학점을 받았던 학창 시절과 다른 것이 사회생활이다. 이처럼 피상적인 직업관을 갖고 있을 경우 취업해서 직접 일할 때 자신의 적성과 기대치, 가치에 못 미친다고 생각되면 쉽게 직업을 포기하게 될 가능성이 높다. 그렇다면 인턴 경험은 비서 취업에 어떤 도움이 될까?

첫 번째로, 자신의 적성과 흥미에 대해 생각해볼 수 있는 기회다. 비전공자이면서 비서로 취업하고 싶어하는 지원자들에게 그 이유를 물어보면, 아르바이트 또는 인턴십을 통해 비서 관련 직무가 자신의 성향과 잘 맞을 것 같아서 지원했다는 얘기를 자주 한다.

두 번째로, 현직 선배들의 현실적인 조언과 실제 근무하는 모습을 통해 구체적인 정보를 얻고 현실에 가까운 비서의 그림을 그려볼 수 있다.

세 번째로, 실제 업무 현장에서만 느낄 수 있는 다양한 지식과 기술을 습득함으로써 면접에서 비서직을 지원하게 된 이유와 배경을 경험담을 통해 자신 있게 표현할 수 있다.

인턴십은 단지 합격을 위해 필요한 것이 아니라 실제 조직 생활을 하면서 다른 사람과 함께 일하는 방법을 미리 경험해보고, 장기적인 진로 계획과 현실적인 업무에 대해 생각해볼 수 있는 기회인 것이다. 비서직을 준비하는 과정에서 긍정적인 영향을 미칠 수 있을 거라 생각한다.

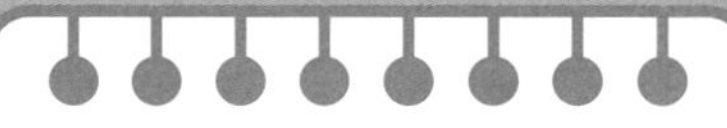

PART 2

로펌 비서, 무엇을 어떻게 준비 할까?

로펌별 취업 준비

'로펌 비서 편'에서는 중점적으로 준비해야 할 사항에 대해 알아보자. 가장 먼저 취업 준비 서류가 로펌별로 어떻게 다른지 비교해볼 필요가 있다. 현재 채용 공고를 통해 업데이트된 자격 조건과 제출 서류를 세심하게 확인해야 한다.

01 로펌별 서류 준비

로펌	필수 서류	선택 서류	참고 사항
김앤장	이력서(자사 양식, 온라인), 영문 이력서, 국문 자기소개서, 전 학년 성적증명서, 어학증명서	기타 제출 서류 추가 첨부 가능	상시지원 가능, 일어 가능자는 일문 이력서와 일문 자기소개 추가 작성 요망
광장	기본 정보입력(자사 양식, 온라인), 국문 지원서(자사 양식), 국문 자기소개서, 영문 이력서, 영문 자기소개서, 성적&졸업 증명서, 어학증명서	기타 제출 서류 추가 첨부 가능	상시 지원 가능
세종	국문 이력서(자사 양식), 국문 자기소개서		채용 공고 확인 후 해당 이메일로 지원. 관련 서류는 1차 면접 때 제출
태평양	국문 이력서(자유 양식) 국문 자기소개서, 성적증명서, 졸업증명서, 어학증명서	기타 제출 서류 추가 첨부 가능	채용 공고가 게시된 취업 포털사이트 통해 지원
화우	국문 이력서(자유 양식) 국문 자기소개서, 성적증명서, 졸업증명서, 어학증명서		잡 포털사이트에 있는 화우 채용 담당자 이메일로 지원
율촌	국문 이력서(자유 양식) 국문 자기소개서(2000자 미만)		취업 포털사이트에서 채용 공고 확인 후 자사 홈페이지에서 접수. 관련 서류는 1차 면접 때 제출

위의 내용은 채용 규모와 시기마다 조금씩 차이가 있을 수 있으니 제출하기 전 지원하는 로펌에서 원하는 서류가 무엇인지 체크해야 한다. 4대 로펌 중 상시 채용에 지원할 경우, 제출한 다음 수정이 불가능하기 때문에 신중을 기해 실수 없이 지원해야 한다. 율촌의 경우는 자기소개서가 2000자 미만이라는 분량 제한이 있으니 글자 수에 맞게 작성하자. 면접 때 고등학교 생활기록부를 지참하라는 공지가 있으면 반드시 챙겨 간다.

바른을 제외한 지평, 대륙아주, 충정, 로고스도 이력서와 자기소개서가 자유 양식이므로 핵심적인 정보가 인사 담당자의 눈에 들어올 수 있도록 일목요연하게 작성해야 한다. 로고스는 몇 년 전 채용 공고 자기소개서란에 기독교인은 신앙 생활에 대해 기재하라는 내용도 있었다. 특이사항란을 꼼꼼하게 확인한 다음 작성하도록 한다.

이력서와 자기소개서는 자사 양식이 한글파일hwp인 것을 제외하고, 워드 문서doc., docx로 작성하는 것이 일반적이다. 각종 증명서는 PDF 파일로 첨부하는 것이 좋다. 첨부 파일명의 작성 시 특수 문자를 포함할 경우 오류가 발생할 수 있으니 특수 문자는 가급적 사용하지 않는다.

로펌(A) 비서 합격자 인터뷰

"이력서와 자기소개서를 작성할 때 사진에 공을 많이 들였어요. 비서직의 당락 여부가 외모라고 단정짓기는 어렵지만, 회사에서 원하거나 어울리는 분위기의 이미지를 본다고 생각했어요. 이마가 보이게 머리를 묶어서 찍어도 보고, 머리를 풀고 찍어보면서 어울리는 사진을 첨부했어요. 학교에서 동아리, 음악 등 다양한 활동을 적극적으로 했던 것을 표현해 다재다능하며 사람들과의 소통 능력을 강점으로 표현했습니다."

로펌(B) 비서 합격자 인터뷰

"자기소개서의 경우, 굵직한 에피소드를 만들어서 자신만의 스토리가 있는 사람들이 대부분 면접까지 오더군요. 다른 로펌에서의 인턴 경험, 비서 경력 혹은 영어 외에 일본어나 중국어를 배우는 과정에서의 에피소드 등을 설명했고, 그동안 많은 봉사활동을 하면서 느끼고 배운 점을 직무에 어떻게 활용할 것인지를 중점으로 작성했습니다."

02 로펌 비서에 대한 그림 그리기

로펌 비서직의 입사를 지원할 경우 생소한 법률 쪽에서 근무하는 게 낯설다 보니 입사해서도 잘할 수 있을까 하는 고민을 하게 된다. 하지만 비서로서 갖춰야 할 마인드와 기본적인 수명 업무를 숙지하고 있다면 각각의 로펌에 따른 업무 매뉴얼을 배우면서 적응하면 된다. 물론 로펌만의 특성을 미리 알고 있다면 자신이 생각하는 기대치에 가까이 다가갈 수 있다. 로펌에 근무하는 선배 혹은 지인들에게 조언을 구한다면 지원을 해야 하는 고민에 대한 해결책을 다소 얻을 수도 있다.

예를 들면, 선배 비서들과 어떻게 해야 원만하게 잘 지낼 수 있는지에 대한 조언도 들어보고, 보좌하는 변호사와 어느 정도 친밀감을 유지하는 것이 좋은지 등 로펌만의 특별한 조직 문화에 대한 팁을 구하는 것도 큰 도움이 될 것이다. 업무와 관련한 정보와 전문 비서로서의 비전에 대한 정보가 많을수록 자신이 추구하는 커리어에 한발 더 가까이 다가갈 수 있을 것이다. 이제 자신이 원하는 로펌 비서의 그림을 그려보길 바란다.

비서직은 주로 수시 채용으로 이루어지기 때문에 기업에서도 바로 업무에 투입할 수 있는 경력직을 선호하는 것이 현실이다. 인수인계나 신입 교육을 따로 실시하는 곳도 있지만 A부터 Z까지 상세하게 교육할 수 있는 상황이 여의치 않는 곳이 많다. 이런 이유로 입사해서 업무를 지시했는데, '저는 아무것도 몰라요' 하는 지원자보다는 '기본적인 비서 직무와 글로벌 마인드, 보좌 능력을 갖춘' 인재를 선호할 수밖에 없다.

스스로 평생 직업을 만들어 앞으로 살아갈 기나긴 인생을 어떻게 설계해나아갈 것인지 잘 따져보고 결정해야 한다. 우리가 지금 살고 있는 세상은 냉혹하리만치 치열하다. 어떤 것도 그냥 주어지는 것은 없다는 말이다. 인생을 개척해나가기 위해서는 자신에 대해 엄격해질 필요가 있다. 취업에 있어서는 준비 또 준비하는 것만이 성공의

문을 열 수 있는 유일한 길이다.

심각한 취업난은 어제오늘의 얘기는 아니다. 그런데 시간이 지날수록 취업은 더욱더 치열해지고 경쟁률도 증가하고 있다. 이것이 우리의 현실이며, 따라서 나만의 경쟁력을 키우기 위해 끊임없이 고민하며 자기계발을 해야만 한다. 나는 비서가 되겠다는 목표가 있어서 지원한 것이 아니라 채용 공고를 보고 막연하게 지원했다가 합격된 케이스였다. 한마디로 '비서에 대한 개념'이 부족했다. 지원한 회사의 규모가 있어 보였고, 비서 직무는 나도 할 수 있지 않을까 하는 생각이 전부였다.

그래서 입사 초반에는 그런 선택을 후회하기도 했다. 단순한 직무 같은 데도 어려움이 있었고, 나의 성향과도 잘 맞지 않았다. 그런데 시간이 흘러 비서직에 매력을 느끼면서 더 큰 후회를 하게 되었다. 비서란 무엇이며, 어떤 업무를 수행하는지, 비서직의 비전 등을 전혀 알아보지 않았기 때문이다. 취업에 급급해서 준비 없이 입사한 것에 대한 아쉬움이 컸다. 지인들에게 조언을 구했더라면 혹은 미리 정보를 얻고 준비했더라면 입사해서 비서 업무를 이해하고 적응하는 과정에서 시행착오를 많이 줄일 수 있지 않았을까 하는 생각이 들었다.

혹시 '비서'라는 직무보다 '로펌'이라는 단어가 더 크게 느껴져서 지원한다면, 자신의 모습 위에 '로펌 비서'의 옷을 입힐 수 있는지 스스로를 그려보길 바란다. 요즘은 취업이 힘들어서, 대기업에 다 떨어져서, 지원할 직무가 마땅하지 않아서 마지막 보루로 '비서'를 지원하지 않는다. 진심으로 로펌 비서를 희망하고, 능동적으로 준비한 지

원자들이 증가하고 있기 때문에 자기소개서부터 면접까지 준비된 사
람의 경쟁력을 따라가는 것이 쉽지 않다.

졸업이란 관문을 넘어서는 동시에 취업의 문을 당당히 통과한다면
얼마나 좋겠는가. 그런데 그 문이 꽉 닫혀 있기만 하니 취업 준비생
들은 답답하고 이루 말할 수 없이 초조하다.

대부분의 여학생은 개별적으로 취업을 준비하는 경향이 강한 편이
다. 물론 혼자서도 준비할 수 있지만, 비서직을 희망하는 사람들과
스터디 모임을 해보길 권한다. 스터디 모임이라고 해서 비서 취업과
관련한 공부만 하는 것이 아니라, 다양한 분야의 정보를 교환할 수
있다.

또 경우에 따라서는 취업을 준비하면서 느끼는 개인적인 고민을 털
어놓을 수도 있다. 힘든 시기에 서로 힘이 되어준다면 좋은 에너지
와 긍정적인 영향을 주고받을 수 있을 것이다. 많은 학자들이 청년
기에서 성인기로의 성공적 전환을 위해 사회적 지지(Bubios,
Felner, Meares, & Krier, 1994)가 중요하다고 강조한다. 사회적 관
계를 통해 얻을 수 있는 모든 형태의 긍정적인 자원을 뜻하는 사회
적 지지는, 진로와 연관 지어 생각해볼 수 있다. 가족 또는 지인으로
부터 받는 사회적 지지가 스스로 적극적인 진로를 찾을 수 있도록

도와주는 것을 의미하기 때문이다(Betz, 1989).

스터디 그룹을 통해 맺는 인간관계는 상호 의존적인 대인관계로 필요에 의해 자발적으로 맺어진 것이다. 이는 가족인 혈연 관계로부터 받는 사회적 지지와는 또 다른 의미를 갖는다. 로펌 비서라는 공통적인 목표를 향해 서로를 응원하고 지지하며 취업 준비를 한다면 모두에게 긍정적인 도움이 되리라 생각한다.

스터디 그룹을 주도적으로 만들거나 참여하는 것이 다소 어렵게 느껴진다면, 교내 취업지원센터 또는 여대생커리어개발센터를 활용해보는 것도 좋다. 취업 준비부터 실제 면접까지 일관성 있게 유지되어야 하는 부분 중 하나가 바로 '자신감'이다. '취업지원센터의 이용 경험이 있는 학생들일수록 취업 가능성에 대한 자신감이 높다'는 연구 결과도 있듯이 교내에 있는 진로나 취업 관련 서비스를 적극 활용해보자.

취업을 준비하면서 혼자서만 스트레스를 받기보다 적극적으로 주변에서 도움을 받을 수 있는 부분을 활용하기 바란다. 적극적이고 자신감을 갖고 많은 사람들을 만나고 정보를 찾는 등의 노력을 한다면, 원하는 결과가 더디게 나타날지라도 그런 시간이 결코 헛되지 않았다는 것을 깨닫게 될 것이다.

PART 3

로펌 비서가 되기 위한 마지막 관문

성공적인 면접을 위한 전략

로펌의 면접은 대체로 이력서 중심의 질문과 자기소개서를 중심으로 한 인성 면접으로 이뤄진다. 간혹 해당 로펌과 관련된 비서 직무, 생활 법률 질문 등이 추가되기도 한다. 지난 1년간 실제로 로펌 지원자들에게 어떤 질문을 했는지 살펴보고, 그 질문들을 참고로 구성한 시나리오를 통해 자신의 상황에 맞게 어떻게 답변할 것인지 연습해보는 시간을 가져보자.

<u>**01 비서직의 면접 특징**</u>(로펌 & 국내 기업 비서 공통)

❶ 아르바이트 혹은 인턴 경험

면접관은 지원자가 대학 시절 학문 외적으로 어떤 경험을 했는지, 그 경험을 통해 무엇을 배우고 느꼈는지, 그런 경험이 직장에서 어떤 도움이 될 수 있는지 평가하고자 한다. 이는 심도 있게 질문하는 유형 중 하나다. 지원자는 비서 직무에 도움이 될 만한 경쟁력을 갖추기 위해 관련 아르바이트나 인턴 경험을 자연스럽게 녹여 대답하는 것이 좋다.

[예시 질문]

- (학교 홍보대사 활동 중 회계 이력을 보고) 회계 업무는 어떤 일을 주로 했나요?
- 어학원 사무 보조란 어떤 업무를 말하나요?
- 콜센터 상담원으로 아르바이트를 꽤 오래 했는데, 일하면서 기억에 남는 것은 무엇인가요?

간략하게 무슨 일은 했는지, 기억에 남는 사건은 무엇인지 등 질문에 대한 대답을 먼저 하고, 그 일을 통해 비서 직무에 필요한 지식knowledge과 기술skill을 배웠음을 강조한다.

[예시 질문 & 답변]

Q   콜센터 상담원으로 아르바이트를 꽤 오래 했는데, 일하면서 기억에 남는 것은 무엇인가요?

A   "먼저 자신의 말만 옳다고 고집하면서 무리한 요구를 하는 고객들이 기억에 남습니다. 그래도 당황하지 않고 끝까지 문제를 해결하기 위해 노력했고, 하루에 100명 가까운 고객과 대화하면서 어떻게 해야 커뮤니케이션을 효율적으로 할 수 있는지 등을 배웠습니다. 이런 경험이 상사와 팀원들과 소통하고 트러블이 생겼을 때 현명하게 대처하는 데 도움이 되리라 생각합니다."

❷ 학점

학점이 낮으면 이 부분을 지적할 수 있다. 어떻게 답변해서 위기를 잘 넘어갈 것인가?

[예시 질문]

- 학점이 낮네요. 학교생활을 성실히 안 한 건가요?

[답변 know-how]

학점이 낮은 대신 대외 활동이나 봉사활동, 수상 내역 등 다양한 활동을 했다면 학점을 대체할 만한 가치가 있다고 생각하는 활동에 대해 언급하라. 하지만 내세울 만한 뚜렷한 이유가 없다면, 핑계를 대거나 변명을 늘어놓는 것은 좋지 않은 인상을 줄 수 있다. 솔직히 인정하고 반성하는 모습을 보여주는 것이 좋다.

[예시 답변]

"제가 학점 관리를 잘하지 못한 것에 대해서는 아쉬움과 함께 깊이 반성하고 있습니다. 하지만 각종 공모전과 동아리 활동 등 다양한 대외 활동을 통해 저에게 맞는 일, 잘할 수 있는 일이 무엇인지 깨달았고, 전공보다는 대외 활동에 많은 시간을 투자했습니다."

❸ 비서 직무

신입 비서는 초반에 지시를 받는 업무가 주를 이루기 때문에 단순 업무로 느껴지는 경우가 많다. 로펌의 경우, 고高스펙을 가진 지원자들이 입사해서 주어진 업무를 처리하다 보면 만족감이 낮거나 실망해서 퇴사하는 사람도 있다. 이런 이유로 면접 때 직접적으로 비서 직무에 대한 의지를 평가하기도 한다. 단순 업무도 중요한 직무이며 주어진 업무를 충실히 최선을 다하겠다는 의지와 열정을 보여주는 자세가 중요하다.

[예시 질문]

- 출근하자마자 하는 일이 사무실 환경을 정리하는 건데, 할 수 있나요?
- 하루에 내방객이 얼마나 방문할 것 같나요? 손님이 올 때마다 차를 대접해야 하는데 할 수 있겠어요?
- 의뢰인이 왔다고 가정하고, 내방객을 안내하는 모습을 보여주세요.

[답변 know-how]

"할 수 있나요?"라고 묻는다면 대부분 당연히 '할 수 있다'고 답할 것이다. 비서는 상사를 보좌하는 사람으로 비서 직무에 포함된 모든 일이 중요하고, 하찮거나 무의미한 업무는 없다고 생각하며 어떤 상황에서도 성실히 임해야 한다는 의지를 보여준다. 예시 질문 2번의 경우도 질문에 답변한 다음 "저라면 내방객 관리 파일을 만들어 재방문한 고객이나 VIP의 경우 어떤 차를 선호하는지 메모했다가 '지난번과 같은 차로 준비할까요?'라며 여쭤본 후 대접하겠습니다." 하는 식으로 자신만의 센스를 표현하면 좋다.

❹ 성격

사람은 누구나 직접 겪어보지 않는 이상 그 사람의 성격에 대해 알 수 없다. 사람과 사람이 하는 일로 연결된 비서직은 성격이 능력만큼 중요한 요소로 작용한다. 자신의 성격이 원만하고 친화력이 있다는 것을 잘 전달하는 것도 취업에서 플러스 요인으로 작용할 수 있다.

[예시 질문]

- 본인이 어떤 성격인지 말씀해주세요.
- 본인의 강점을 무엇이라 생각하나요?
- 본인의 약점을 무엇이라 생각하나요?

[답변 know-how]

자신의 성격이나 강점에 대해서는 비서 직무와 연관해서 필요한 이미지나 능력을 언급하는 것이 좋다. 이때 언급하는 성격이나 강점이 비서 직무를 수행할 때 어떤 도움이 되는지 설명해야 한다. 예를 들면, 차분하고 꼼꼼하며 시작과 끝맺음이 확실한 성격이라고 표현한 다음 스케줄 조정이나 예약 관리를 할 때 거듭 확인해서 실수를 하지 않는 것이 중요한데, 저의 이런 성격이 비서 업무와 잘 맞을 것 같다고 말하면 좋다. 자신의 강점이 비서 직무에 적합하다는 인상을 주는 정도로 표현하면 적절하다.

반면 자신의 약점을 설명할 때는 어떤 단점이 누군가에게는 강점이 되기도 하고 누군가에게는 단점이 될 수 있다는 말로 서두를 시작하면 좋다. 면접관이 들었을 때 재치 있고 현명하다는 인상을 주는 것이 중요하다. 그렇다고 업무에 직접적으로 치명적인 단점이 될 수 있는 것은 언급해서는 절대 안 된다. 예를 들면, "제가 정리 정돈을 잘 못해서요."라든가 "일을 처리하는 속도가 느려요." 하는 등 지나치게 솔직하게 표현하는 것은 비서로서 절대 적합하지 않은 단점이다. 그렇다면 '낙천적인', '신중한', '안정적인 것을 추구하는' 등의 형용사를 한번 살펴보자. 경우에 따라서는 굉장히 좋은 장점일 수 있는 표현이지만, 비서라는 직무에서는 치명적인 약점으로 작용할 수 있다. 이럴 때는 자신을 왜 그렇게 생각하는지에 대한 적절한 이유와 함께 어떻게 극복할 것인지에 대해서도 함께 제시하는 것이 바람직하다.

[예시 답변]

"저는 안정적인 것을 추구하는 성향을 약점이라 생각합니다. 그 이유는 모험적이고 새로운 것에 대한 두려움이 없어야 스스로 성장할 수 있다고 생각하기 때문입니다. 그래서 이런 저의 약점을 보완하기 위해 자전거 동호회에 가입했습니다. 새로운 사람들과의 만남을 통해 다양한 경험을 하고 체력도 키우면서 보다 활기차게 변화하고 있습니다."

❺ 타 회사의 합격 여부

로펌을 준비하는 취업 준비생이라면, 정말로 '이 로펌이 아니면 안 된다'는 사람을 제외하고는 채용 공고가 열리면 동시다발적으로 지원한다. 그래서 비슷한 시기에 면접이 진행되거나 이미 다른 로펌에 합격했으면서도 선택의 가능성을 넓히기 위해 또 다른 로펌에 인터뷰를 가는 경우도 있다.

[예시 질문]

- 다른 로펌에 합격한 곳이 있나요?

- 다른 로펌에도 합격했는데, 우리 회사를 선택한다면 그 이유는 무엇인가요?

[답변 know-how]

느닷없이 이런 질문을 받으면 어떻게 대답할지 순간 당황할 수도 있다. 다른 데 합격했다고 하면 기회가 다른 사람한테 가면 어쩌지? 솔직히 얘기하는 것이 더 경쟁력이 있을까? 하는 등 많은 생각이 교차한다. 결론부터 말하면, 후자의 이유로 합격한 회사 또는 타 로펌에서 면접이 진행 중이라고 솔직하게 답변하는 것이 좋은 결과를 얻어낼 수 있다. 두 번째 질문에서는 이 회사를 선택하는 이유를 명확하게 전달해야 한다.

[예시 답변]

"저는 A로펌과 B로펌에 동시에 합격한다면, 주저 없이 지금 면접하고 있는 이곳에 입사하겠습니다. 그 이유는, 처음부터 B로펌의 합격을 원했고, 직접 와서 보니 B로펌의 분위기가 저와 잘 맞는 것 같고 좋은 사람들과 함께 배우면서 근무할 수 있을 거라 생각합니다."

❻ 언어 능력

대부분의 로펌은 영어와 일어를 중심으로 언어 실력이 뛰어난 지원자를 선호한다. 영어 면접을 실시하는 로펌도 있으며, 서류상의 외국어 점수나 자격증을 보고 이에 대해 질문하는 경우도 있다.

[예시질문]

- 영어 회화와 독해는 어느 수준인가요?

- 영어로 자기소개를 해보세요. 경험했던 직무에 대해 영어로 설명해보세요.

- 토익 점수가 조금 낮은 편이네요?

- 영어 말고 다른 외국어에 대한 질문(서류에 제2외국어 전공자 또는 어학 시험 점수가 있을 경우)

[답변 know-how]

영어 점수가 다른 지원자들에 비해 낮은 편이라면, 변명하기보다는 부족함을 채우기 위해 지금도 꾸준히 어학 공부를 하고 있는 노력하는 모습을 보여줄 수 있도록 답변해야 한다. 영어 면접에 대해서는 특별한 공지가 없어도 기본적인 자기소개와 자신의 직무 경험, 강점과 약점 정도는 영어 인터뷰를 준비하는 것이 좋다(외국계 비서 편 참조).

❼ 조직에서의 갈등 해결 능력

비서직이란 태생적으로 여성들이 많은 조직이며 팀 비서로 근무하는 형태이다 보니 대인관계가 정말 중요하다. 이와 관련한 문제 해결 능력에 대해 질문하는 경우가 많은 편이다.

- 상사나 팀원들과 갈등이 생겼을 때는 어떻게 대처하겠습니까?

[답변 know-how]

조직 생활 자체가 사람이 일을 하는 것이기 때문에 사람들과의 관계에서 트러블이 없을 수는 없다. 사람들과의 관계에서 일어나는 일을 감정적으로 크게 받아들이지 않고, 현재 상황에서 어떻게 현명하게 문제를 해결할 것인지 등의 자질과 품성을 보여주는 것이 좋다.

[예시 답변]

"서로 언짢은 문제가 생겼을 때 감정적으로 대응하는 것은 좋지 않다고 생각합니다. 왜 그런 문제가 일어났는지 원인을 파악한 다음 제가 실수한 부분에 대해서는 변명하지 않고 사과부터 할 것입니다. 설사 제가 실수한 부분이 아니라 해도 좋은 관계를 유지하기 위해서는 솔직하게 대화하는 것만큼 중요한 것은 없습니다. 더 큰 오해가 생기거나 관계가 어색해지기 전에 좋은 관계를 유지할 수 있도록 노력하는 것이 사회생활에서는 중요하다고 생각합니다."

❽ 의사 결정 능력

로펌은 '야근이 없다'고 하지만, 세상에 야근 없는 직장은 없다고 봐야 한다. 야근이 '없다'기보다는 '적다'는 표현이 적합하다. 이따금 야근에 대한 생각이나 다양한 상황에서 어떤 결정을 할 것인지에 대한 질문을 할 수도 있다.

- 퇴근 시간이 임박했고, 개인적으로 중요한 약속이 있는데 상사가 퇴근하지 말고 대기하라고 한다면 어떻게 하겠습니까?
- 퇴근해서 약속 장소로 가고 있는데, 갑자기 전화가 와서 회사로 돌아오라고 합니다. 어떻게 하겠습니까?

[답변 know-how]

당연히 대기해야 하며 퇴근을 했더라도 다시 회사로 돌아가겠다고 대답해야 한다. 야근이 필요한 시급한 사안이기에 퇴근한 직원한테 돌아오라고 했을 테니, 이런 상황을 이해한다고 말해야 한다. 질문에서도 알 수 있듯이 야근을 해야만 하는 특정 상황에 대한 질문이기 때문에 "저는 매일 야근이 가능합니다."라는 뻔한 답은 피하는 것이 좋다.

❾ 취미·특기

이력서란에 취미·특기란이 있다면, 모든 지원자가 자신의 취미와 특기를 작성했을 것이다. 면접관이 이 내용을 보고 궁금해서 더 물어볼 수도 있고, 단순히 "취미가 뭔가요?" 하고 질문하는 경우도 있다. 면접관의 성향에 따라 다르지만, 정말 궁금해서 지원자의 취미와 특기를 상세히 질문하는 경우도 있으니 참고하자.

[예시 질문]

- 취미와 특기가 무엇입니까?
- 취미로 필라테스로 적었는데, 운동을 한 지는 얼마나 되었습니까?
- 최근에 읽은 책이 무엇입니까?

[답변 know-how]

취미는 운동, 독서, 음악 등 일반적인 것을 말하고 특기는 비서 직무과 관련된 것이 있다면 언급하는 것이 좋다. 1번의 예시 질문을 받았다면, 간략하게 대답한다. 그 이후 면접관이 궁금한 사항이 있다면 꼬리 질문을 할 것이다.

[예시 답변]

지원자 제 취미는 요가이고, 특기는 와인 노트 작성입니다.

면접관 와인을 좋아하나요?

지원자 와인은 단순히 술이라는 개념보다 지역과 품종에 따라 다양한 역사적 배경이 있어 흥미를 갖게 되었습니다. 다양한 와인의 블라인드 테스트를 해보면서 특성을 기록하는 와인 노트를 작성하고 있습니다. 제가 이곳에서 근무하게 된다면 상사가 중요한 지인에게 선물하거나 식사 초대 시 좋은 와인을 추천할 수도 있어 저의 특기를 활용할 수 있지 않을까 생각합니다.

취업이 점점 어려워지면서 졸업하고도 공백 기간이 길어지는 취업 준비생이 적지 않다. 1~2년 정도 공백 기간이 있는 지원자는 그동안 어떻게 시간을 보냈는지 누구나 수긍할 수 있는 적절한 대답을 해야 한다.

[예시 질문]

- 졸업하고 1년의 공백 기간 동안 무엇을 했나요?
- 2년 정도 취업을 하지 않았던데 따로 준비하는 시험이 있었나요?

[답변 know-how]

1년 이하의 경우는 취업을 준비하기 위해 스터디 모임, 외국어 시험, 기타 자격증 등을 준비했다고 답하면 된다. 1년 이상일 때는 비서직 말고 어떤 분야에 관심이 있고 취업을 준비했다고 언급하는 것이 좋다. 준비하다 보니 자신의 성향과 맞지 않았거나 결과가 좋지 않아 포기했지만 그 시간이 성장하는 데 어떤 도움이 되고 의미가 있었는지 이유를 설명한다. 보통 다른 직종을 준비하다 비서직을 지원하는 지원자 중에는 공무원이나 승무원 시험 등을 준비한 경우가 상당히 많다. 자신의 공백 기간이 결코 헛되지 않았다는 것을 설명하는 것이 좋다.

⑪ 전공·비전공

지원자들 중 비서학과 출신도 있지만 비서학과가 아닌 전공자도 상당하다. 그 이유는 4년제 대학 중 비서학과와 관련된 전공이 소수에 불과하기 때문이다. 실제로 전공에 제한을 두지는 않지만 왜 비서직을 택했는지 질문하는 경우도 있으니 비전공자라면 지원 이유를 생각해두자.

[예시 질문]

- 비전공자인데 비서 포지션에 지원한 이유는 무엇인가요?
- (전공자에게) 비서학을 공부해보니 비서 업무가 자신과 잘 맞을 것 같았나요?

[답변 know-how]

보통 성적에 맞춰 대학과 전공을 선택하는 것이 현실이다. 하지만 본인이 그 전공을 선택한 것 또한 사실이다. 전공을 통해 배운 것도 많지만, 인턴 또는 대학 생활을 하면서 사무직이나 비서 업무가 자신의 성향과 잘 맞다는 것을 표현해야 한다. 비서학 전공자라면 면접관의 기대치가 자연스럽게 올라간다. 대학에서 전공과목을 이수하면서 어떤 점이 인상 깊어 비서 포지션에 지원하게 되었는지 또는 '준비된 비서'라는 강점을 어필해야 한다.

[예시 답변]

"제 전공은 생명공학입니다. 고등학교 때까지는 이과 계열이 성적도 좋고 잘 맞는다고 생각했는데, 대학에 와서 공부하면서 전공을 살리고 평생 직업으로 선택하자니 저와는 잘 안 맞는 부분이 있다는 생각을 했습니다. 그러다 ○○회사에서 인턴으로 사무직을 하면서 누군가를 보좌하고 문서 작업을 하는 등의 업무가 제 성향과 잘 맞는다는 사실을 깨달았습니다."

⑫ 마지막 질문

지원자에게 마지막으로 질문이 있는지 물어보는 경우가 있다. '외국계 비서 편'에서도 설명했지만 면접관이 "마지막으로 궁금하거나 질문할 사항이 있습니까?"라고 물어봤을 때 주저하지 않고 "없습니다."라고 대답하지 않길 바란다. 즉 한 가지 정도는 질문을 하는 것이 좋다. 또 "마지막으로 하고 싶은 말이 있습니까?"라고 물었을 때도 질문을 하는 것이 좋다. "저는 이 회사에 입사하기를 간절히 원합니다." 하는 식의 대답이 아니라 지원한 기업이나 입사와 관련된 질문이 적당하다.

[예시 질문]

- A로펌에서 신입 비서들에게 기대하는 점은 무엇인지 궁금합니다.
- 비서직의 역량을 개발할 수 있는 직무 교육이 있는지 궁금합니다.

❸ 그 외 예시 질문

면접관과 회사의 성향에 따라 전혀 의외의 질문을 할 수도 있다. 앞서 언급했듯이 비서 직무는 인성 위주로 면접이 이루어지기 때문에 아래의 추가 예시 질문도 자신의 경험에 비추어 연습해보자. 지원한 회사에 대한 기본적인 정보는 지원자의 기본 자세임을 항상 명심하자. 로펌 지원자들은 기본적인 생활 법률 용어 정도는 숙지하고 가는 것이 좋다.

- 직업이나 회사를 선택할 때 무엇을 중요하게 생각합니까?
- 인생의 목표가 무엇인가요?
- 커리어 말고 자신이 궁극적으로 추구하는 삶의 목표는 무엇입니까?
- 로펌 비서의 자질과 역량을 무엇이라고 생각합니까?
- 확정일자, 전입신고(생활 법률 용어)에 대해 설명할 수 있나요?
- 집과 회사가 꽤 먼데, 출근이 힘들지 않을까요?
- 인턴을 하면서 가장 기억에 남는 순발력을 발휘한 행동이 있다면 말씀해주세요.

여기서 잠깐!

면접 시간은 누구에게나 한정되어 있다. 그다지 중요하지 않은 질문

으로 자신의 강점을 보여줄 시간을 낭비하지 않아야 한다. 예를 들면, 사무직과 관련 없는 인턴 또는 아르바이트 경험, 무관한 전공, 승무원 준비 등을 어필해서 질문과 대답이 다른 곳으로 치우치면 면접관이 채용해야 할 포인트를 찾지 못하고 기회는 다른 지원자에게 넘어가게 된다.

[예시 질문]

- (음악 전공자에게) 앞으로 음악은 더 이상 하지 않을 예정입니까?
- 승무원 준비는 이제 포기한 겁니까?

[답변 know-how]

"이제 그쪽은 더 이상 계획이 없습니다." 하는 식으로 짧고 단호하게 언급하고 비서직을 희망하는 이유와 열의를 보여줘야 한다.

로펌(A) 비서 합격자 인터뷰

"제가 면접 볼 때 재도전하는 지원자가 있었어요. 일단 면접관 중에 재지원자를 기억하는 분이 계셨고, 결론부터 말씀드리면 그 지원자는 또다시 떨어졌어요. 정확한 이유는 모르겠지만, 답변을 할 때 암기한 듯한 말투였고, '어떤 비서로 성장하고 싶은가?'라는 질문에 저희 로펌에 없는 직책을 얘기한 게 실수가 아닌가 생각했어요. 아무래도 회사에 대한 관심이 없어 보였을 테니까요."

02 1분 자기소개 (로펌 & 국내 기업 비서 공통)

1분이란 시간은 짧다면 짧지만, 누군가의 인생을 결정하는 아주 중요한 시간이 될 수도 있다. 사람들 앞에서 자신에 대해 소개해본 적이 있는가? 1분이라는 시간이 주어졌다. 그 시간 안에 어떻게 자신에 대해 효과적으로 설명하고, 상대로 하여금 나에 대한 관심을 갖게 만들 수 있을까? '1분 자기소개'는 취업을 앞둔 사람이라면 누구나 심혈을 기울여서 준비해야 할 만큼 아주 중요하다. 어쩌면 식상해 보일 수도 있지만, 자신을 1분이라는 짧은 시간 안에 홍보하기 위해 가장 좋은 방법이기 때문이다.

먼저 1분이라는 시간 동안 나에 대해 어떤 것을 어필할 것인지 고민해야 한다. 자신의 역량을 최대한 어필하는 것이 목표다. 로펌의 경우, 수시 채용으로 한두 명을 선발하기도 하지만 10명 이상을 동시에 채용하는 경우도 있다. 이럴 때는 그룹 면접이 될 가능성이 높은데, 자기소개를 시작으로 면접이 진행될 가능성이 높다. 시작에서 면접관의 관심을 남보다 먼저 선점하기 위해서는 어떻게 해야 할까?

- 시작 10초 안에 면접관의 눈과 귀를 사로잡아야 한다. 자신만의 차별화된 키워드와 자신감 있는 목소리가 큰 부분을 차지한다.
- 1분에 맞추지 말고 45~50초 정도 준비한다.
- 내가 하고 싶은 말이 아니라 면접관이 어떤 말을 듣고 싶어

하는지 고민해보자.

- 면접관의 눈을 바라보며 말하는 것이 좋지만, 부담스럽거나 자신이 없다면 면접관의 인중을 바라보며 정면을 유지하는 것이 좋다. 바닥을 본다거나 시선을 자주 옮기면 상대방이 집중할 수 없어 감점 요소가 될 수 있다.
- 나를 어필하고자 하는 과도한 자랑과 너무 많은 제스처도 좋지 않은 인상을 줄 수 있으니 주의한다.
- 1분 안에 나만의 강점을 위주로 왜 이 로펌에 지원했는지와 어떻게 이 조직에 기여할 것인지 명확하게 전달한다.

1분 자기소개 전략

일반적으로 자기소개 공식이 있다. 어떤 자리든 자신에 대해 소개해보라고 하면 대부분 이렇게 시작한다. "제 이름은 ○○○이고, 25살이며, ○○대학교 ○○를 전공했습니다." 면접에서조차 이렇게 시작하는 경우가 많은데, 이런 정보는 이력서로도 충분하다. 자기소개만큼 가장 길게 말할 수 있는 기회는 없다. 자, 어떻게 접근하는 것이 바람직할까?

구성 1 비서 직무와 관계된 경험(서류 정리, 전화 응대, 손님 응대, 일정 관리, 예약 업무 등)을 언급한다. 경험을 통해 자신에 대해 새롭게 알게 된 점과 성향에 대해 말한 다음 해당 기업에서 어떤 비서가 되고 싶은지로 마무리한다.

구성 2 대학 생활을 하면서 가장 자랑스럽거나 뿌듯했던 일로 시작한다. 그런 경험이 어떤 의미가 있었는지와 해당 기업에 어떻게 기여할 수 있는지를 제시한다. 마지막으로 회사와 함께 성장하고자 하는 포부에 대해 언급한 다음 마무리한다.

구성 3 사람들이 생각하는 비서에 대한 잘못된 인식(단순 업무, 서비스업, 낮은 기여도 등)을 언급한 다음 자신이 생각하는 이상적인 비서상과 강점을 언급한다. 강점을 바탕으로 지원한 기업에서 전문 비서로 성장하고 싶다는 의지와 목표를 언급하고 마무리한다.

구성 4 지원한 기업에 해당하는 인재상을 언급한 다음 기업이 추구하는 바를 위해 어떠한 노력을 했는지 말한다(지원한 기업의 인재상이 글로벌 인재라면, 외국어/정보화 능력을 키우기 위해 어떤 노력을 했는지 설명한다). 그런 노력이 해당 기업에 어떻게 기여할 수 있으며 어떤 도움이 될지 강조하며 마무리한다.

03 지원 동기의 중요성(로펌 & 국내 기업 비서 공통)

자신이 왜 이 기업과 업무에 지원했는지에 대한 동기가 명확하고 구체적이어야 한다. 면접관이 들었을 때 현실적이고 설득력이 있어야 한다. 지원하게 된 동기가 분명하게 머릿속에 정리되어 있어야 자신감과 열정을 전달할 수 있다. 거의 모든 지원자가 여러 곳에 지원하기 때문에 어디든 취업만이 목표인 것이 현실이다. 하지만 취업이 목표라면 더 절실하게 왜 이 회사의 로펌 비서가 되고 싶은지, 자신을 발전적이고 진취적으로 움직이게 하는 원동력이 무엇인지 확고한 지원 동기가 있어야 하지 않을까?

지원 동기는 말 그대로 해당 로펌에서 일하겠다고 결심한 이유와 자신이 가지고 있는 비서로서의 역량과 자질이 기업에 어떤 도움을 줄 수 있는지 명확하게 담겨 있어야 한다. 1분 자기소개와 어느 정도 겹치는 부분이 있으니 앞서 제시한 구성 1~4를 참고해서 연습하되, 1분 자기소개보다는 짧아야 한다.

04 나의 말투와 목소리 톤을 녹음해서 다시 들어보기
(로펌 & 국내 기업 비서 공통)

면접에서 중요한 것은 전달하고자 하는 키워드를 놓치지 않고 말하는 것과 면접관의 질문에 당황하지 않고 답변하는 것이다. 그런데 지원자가 듣기 거북한 말투와 자신감 없는 목소리로 답변한다면 결과는 불을 보듯 뻔하다. 탈락할 가능성이 높아지기 마련이다. 아무리 우수한 스펙에 답변을 잘했어도 면접은 서류에서 볼 수 없는 지원자의 인품, 성격, 매너까지 살펴보는 기회이기 때문이다.

면접관에게 부정적인 인상을 주는 요소는 말하면서 '끝말 흐리기, 잦은 한숨, 음… 어… 저기 등의 추임새 넣기' 등이다. 이런 것은 일종의 습관으로 일상에서는 아무 문제가 되지 않는다. 하지만 면접 등의 긴장한 상태에서는 이런 습관이 더욱 도드라질 수도 있다. 자신이 말할 때 어떤 안 좋은 습관이 있는지 파악 하려면 대답을 녹음한 다음 다시 들어보면 좋다. 그런 과정을 통해 자신의 잘못된 습관을 고쳐 나가는 것이 필요하다.

많은 면접관들이 선호하는 똑 부러지는 말투와 자신감과 의지를 드러내는 '하겠습니다' 투로 답변하는 것이 좋다. 불명확한 어투나 성의 없어 보이는 어투('~한 것 같아요' 등)를 지양하고 일상생활에서 습관처럼 사용하는 줄임말(알바 등)은 사용하지 않는다.

여기서 잠깐!

아무리 말을 잘해도 면접의 경험이 적다면 '긴장'과 '낯선 장소', '나를 평가하려는 사람들'이라는 복병이 숨어 있기 때문에, 충분한 모

의 연습을 하는 것이 필요하다. 면접 당일에는 목소리가 잠기지 않도록 충분히 입 운동과 목소리를 풀고 들어가야 한다.

05 긴장감을 낮출 수 있는 방법 터득하기(로펌 & 국내 기업 비서 공통)

로펌 비서만을 겨냥한 지원자들은 이번이 마지막 기회라는 생각에 더욱 긴장하기 마련이다. 언제 또다시 공고가 나올지 모르니 긴장감이 말로 다 표현할 수 없을 만큼 클 것이다. 주변에서도 비서로서의 역량과 자세를 갖췄음에도 면접에서 항상 떨어지는 지원자들을 보면 너무도 안타깝다. 그런데 면접 후기를 들어보면 대부분 너무 긴장한 나머지 대답을 제대로 못했다는 말을 많이 한다. 모든 시험과 면접이 그렇듯 정해진 시간 안에 실력을 발휘해야만 좋은 성과를 얻을 수 있다. 면접에서 가장 큰 걸림돌인 긴장감을 낮추고 편안하게 면접에 임해야 좋은 결과를 얻을 수 있다.

그런데 이게 말처럼 쉽지만은 않다. 다른 사람보다 유독 긴장을 많이 해서 면접에서 좋은 결과를 얻지 못했다면, 긴장감을 낮출 수 있는 나만의 방법을 찾는 것이 중요하다. 어떻게 하면 긴장감을 조금이라도 해소할 수 있을지 참고해보자.

- 모의 면접을 할 수 있는 기회가 있다면 최대한 많이 경험해

본다. 실제 상황처럼 긴장하지 않을 수도 있지만, 계속해서
연습하면 실전에서 심적으로 편안해질 수 있다.

- 다른 지원자들도 모두 긴장하고 있다고 생각하고 면접관들
을 너무 어려워하거나 나를 평가하는 대상으로만 생각하지
말자. 면접관들이 내 상사가 될 수도 있지만, 되지 않을 수도
있다. 또 입사해서 나를 기억할 수도 있고 없을 수도 있다. 잘
모르는 아저씨가 길을 물어보는 정도로 생각하고, 조금만 더
담대하고 자신 있게 대응해보자.

- 먼저 결과를 예상하지 말고 그 순간 최선을 다하자. 일어나
지 않는 일에 대한 상상은 집중력을 분산시킬 수 있다. 생각
이 너무 많아지면 오히려 긴장하게 된다.

- 답변의 타이밍을 사용해보길 바란다. 예상 질문이 나왔다고
해서 면접관의 질문이 끝나자마자 조급한 마음에 답변하려
다 말이 꼬이는 실수로 인해 긴장감이 더 높아질 수 있다. 질
문이 끝나면 1~2초 정도 여유를 가진 다음 답변하게 되면
면접의 흐름을 탈 수 있다.

누군가에게는 생애 첫 번째 면접이 될 수도 있고 누군가에게는
수많은 도전 중에 하나일지도 모른다. 늘 새로운 상황에, 새로운 면접
관들, 새로운 질문에 정해진 답변을 할 수 있는 기회가 언제나 보장되
는 것은 아니다. 자신만의 방법을 터득해 자신감 있게 면접에 임해 좋
은 결과를 얻기를 바란다.

로펌(A) 비서 합격자 인터뷰

"채용 절차는 서류 전형, 1차 면접으로 진행되었어요. 단체 면접이었고, 면접관 4명에 지원자가 7명이었어요. 면접관은 전무님, 상무이사님, 비서팀장님 2명이었습니다. 면접 분위기는 좋았고 지원자들을 존중하고 배려하는 느낌이었어요. 면접장에 들어가서서 인사한 다음 앉아서 진행되었습니다. 면접을 하면서 저는 미소를 잃지 않으려 노력했고, 단체 면접이었기 때문에 다른 지원자들이 하는 답변도 경청하며 고개를 끄덕였어요. 반면, 면접관의 질문이 끝나기도 전에 대답을 시작하거나 질문 내용과 다른 답변을 하는 지원자들은 좋은 결과를 얻지 못했습니다."

로펌(B) 비서 합격자 인터뷰

"제 경우에는 면접이 굉장히 빨리 진행됐는데, 입사 지원부터 채용까지 2주밖에 걸리지 않았어요. 채용 절차는 서류 전형, 1차 면접, 2차 면접으로 진행되었습니다. 2차 면접은 면접관 두 분과 저 혼자(2대1), 3차 면접은 면접관 세 분과 저 혼자(3대1)였습니다. 1차 면접은 약 5분간 진행되었는데, 지원 동기를 포함한 자기소개를 했고, 이력서에 있는 내용을 토대로 한두 가지 질문을 받았습니다. 2차 면접 역시 인성 면접이었는데, 편안한 분위기에서 어렵지는 않았던 같아요. 이력서와 자기소개서 안에서 거의 모든 질문이 이루어졌습니다. 예를 들면, '어학연수를 어디로 다녀왔고, 기억에 남는 일은 무엇이었나?'라는 질문에 구체적으로 가장 기억에 남았던 일화를 말씀드렸고, 면접관님도 흥미가 생기셨는지 조금 더 깊은 대화가 오고 간 것이 기억에 남아요. 지원자의 경험, 면접 태도, 표정, 어휘 능력까지 인성과 지원자의 성향을 자세히 파악하고자 하는 것이 느껴졌습니다. 많이 웃으면서 밝은 모습을 보이려고 했고, 제 얘기에 호응해주실 때마다 오히려 더 차분하게 대응하려고 노력했어요."

국내 기업 비서 편

PART 1

국내 기업 비서가
되기 위해
이것부터 알아두자

국내 기업 비서, 무엇이 다를까?

국내 기업 비서의 가장 큰 장점은 전문 비서로의 성장을 꼽을 수 있다. 외국계와 로펌 비서의 취약점 중 하나는 비서 마인드가 약할 수 있다는 점과 회계, 인사 또는 사무 보조 업무를 함께 하는 겸임 비서직 비율이 높다는 점이다. 때문에 비서 업무만을 원하는 지원자는 일반 기업의 취업을 희망한다. 국내 기업 비서로서 첫걸음을 내딛기 위해 어떻게 시작하고, 무엇이 필요한지 살펴보자.

01 국내 기업 비서의 채용 현황과 전망

국내 기업 비서도 마찬가지로 상시 채용이 이루어지기 때문에 항상
관심을 갖고 채용 사이트를 자주 살펴봐야 한다. 최근 비서 채용은 점
점 비전공자 출신이 증가하는 추세이며, 직무 중심의 트렌드에 발맞
추어 경력직을 선호하는 경향이 있다. 1년 미만의 경력이라도 비서
직무의 기초적인 개념을 이해하고 있다는 점을 인정하는 것이 그 이
유다. 신입의 경우는 사무직 관련 인턴 또는 아르바이트 경험이 비서
취업에 도움이 된다. 현재로서는 큰 영향이 없다고 할 수 있지만, 또
하나의 스펙이 될 가능성이 있는 것이 NCS(국가직무능력표준, National
Competency Standards)이다. '실무 중심의 인재 배양'이라는 목표로
개발된 제도이다.

하지만 공기업에서 NCS에 기반을 둔 시험 문제를 출제하고 있
으며, 다른 기업들도 NCS를 활용하여 스펙보다는 능력 중심으로 채
용하겠다는 입장을 내세우고 있다. 본래 취지에 부합하게 개선책이
강구되면서 직무 능력 중심의 인재 선발이 NCS 기반으로 이루어질

경우 정량화된 평가에서 벗어나 직무 능력이 뛰어난 인재들이 다양
성을 존중 받으며 취업에 성공할 수 있을 것이다. 신입 비서들은 실질
적인 경력이 없더라도 지원하는 기업 형태와 비서 포지션에서 어떤
업무를 중점적으로 수행하게 되는지 파악한 다음 그에 해당하는 업
무를 숙지하고 내방객 응대, 일정 관리, 예약 업무 등 일반적인 비서
의 수명에 대한 시뮬레이션도 함께 연습해보는 것이 좋다.

여기서 잠깐!

2~3년제 비서학과, 비전공자들의 취업 자리는 점점 줄어드는 것일
까? 전체적으로 대졸 채용이 증가하면서 상대적으로 2~3년제 졸업
자들은 취업을 위해 학점은행제 또는 편입 등을 통해 4년제 학사 취
득을 해야 하는 것 아니냐는 고민을 많이 하는 실정이다. 하지만 공
부에 더 뜻이 있는 것이 아니라 단지 취업을 위해서라면 현명한 선
택이 아닐 수도 있다.

현재의 상황에서 학교생활을 충실히 하며 학점 관리도 잘하고
자기계발에 최선을 다하는 것이 가장 먼저 필요하다. 편입을 하려면
학점이 중요하지 않은가. 취업도 마찬가지다. 대기업의 신입 경우, 전
문대학 졸업생 또는 졸업 예정자만 지원 가능한 곳도 있으며, 비서 전

공학과를 우대하는 곳도 여전히 많으니 전공에 대한 자부심을 가지고 경쟁력을 키우길 바란다. 하지만 현재 파견직이 점점 증가하고 있으며, 대기업의 경우 거의 대부분 2년 계약의 파견직으로 시작한다. 취업해서 다음 단계를 생각하며 장기적인 계획을 세우길 바란다.

보통 계약이 끝날 즈음 '이제 어떻게 해야 하나?' 하는 고민을 하게 된다. 근무했던 기업의 네임 밸류와 직무 경력을 살리고 자기계발을 바탕으로 정규직 채용을 우선적으로 지원하는 것이 하나의 옵션이 될 수 있다. 오히려 사회 경험 후 공부만 하면 되었던 학창 시절을 그리워하며 학업에 대한 욕심이 생기는 경우도 있다. 그때 다시 학업에 도전하는 또 다른 진로를 설정해도 늦지 않다. 인생에는 수많은 길이 있다. 그 길을 걸어가는 데 있어 조언을 할 수는 있어도 어느 누구도 정답은 알려줄 수는 없다. 앞으로 인생을 어떻게 만들어 나갈지는 자신만이 알고 있고 선택하는 것이기 때문이다.

중요한 것은 현재의 상황이 전문대학 비서학과라면 하루아침에 다른 학교로 바꿀 수도 없는 것이 현실이다. 모든 직군이 그렇지만 한 번 비서였다고 비서직만 하라는 법은 없다. 현재의 상황에서 하고 싶은 일보다는 잘할 수 있는 일을 시작하는 것이 중요하다. 그 이후에는 자신의 비전을 설정하고 하고자 하는 일을 꾸준히 만들어 나가는 것이 현명하다.

02 국내 기업 비서의 채용 과정

국내 기업의 비서 채용은 보통 1차 서류 심사와 2차 면접으로 이뤄진다. 하지만 대표이사 비서(오너비서)와 임원비서의 채용 과정은 약간의 차이가 있다. 오너비서는 해당 기업의 홈페이지에 채용 공고가 나오는 경우가 높다. 하지만 결국 서치펌으로 의뢰하게 되는데 그 이유는 서류 필터링이라든지 기업에서 원하는 조건에 맞춰 선별한 다음 면접 대상자를 보내주기 때문이다. 오너비서는 상사보다 한발 앞서 상사의 업무 효율성을 높여줄 수 있는 능력을 갖춘 지원자를 요구하며 기업의 이미지에 맞는 비서를 채용하고자 한다. 예를 들면, 출장 시에 의전 업무를 수행해줄 수 있는 능력, 소통 가능한 외국어 실력과 우수한 문서 작업 능력 등이 요구된다.

또한 오너비서는 가장 가까운 곳에서 함께 일하는 사람으로 공적인 업무부터 개인적인 사안까지 다루기 때문에 보안 의식이 투철한 사람과 효율적인 의사 결정을 위해 도움을 줄 수 있는 보고 능력이 뛰어난 사람을 선호한다. 오너비서는 원하는 인재상이 뚜렷한 편이며 신입도 채용하지만 경력직을 선호한다. 오너비서의 채용 과정은 1차 서류 심사, 2차 실무자 면접, 3차 대표이사 면접으로 이루어진다. 최종 결과까지 보통 한 달 반 정도 걸리지만 경우에 따라 2~3주 내에 결정되는 경우도 있다.

임원비서의 경우는 오너비서와 비교했을 때 상대적으로 그렇게 까다로운 편은 아니다. 상무, 전무 직급의 비서를 채용하며, 기업 임원의 고용 형태도 계약직이기 때문에 새로 부임한 임원이 새로운 비서를 원할 때도 있어 신입을 선호하는 경향이 높다. 채용 과정은 보통 1차 서류 심사, 2차 실무자 면접으로 이루어지는데, 간혹 3차 임원 면접을 실시하기도 한다.

03 국내 기업 비서의 연봉 수준

국내 기업 비서의 연봉에 대한 자료는 많지 않다. 실제 신입 비서의 연봉은 1천만 원 초충반에서 4천만 원 초반까지 다양하게 형성되어 있다. 그 이유는 고용과 기업 형태, 직무의 중요도에 따라 임금이 책정되기 때문이다. 평균적인 신입 비서의 연봉 구간은 2천2백만 원에서 2천8백만 원 정도로 책정되어 있다.

서류는 합격하는데 면접에서 계속 떨어져서 자신감이 하락한 지원자들이 많다. 처음에는 연봉 2천8백 이하는 합격해도 면접에 가지 않거나 지원하지 않겠다는 것이 일반적인 반응이었다. 하지만 공백 기간이 길어지다 보니 불안감과 자신감이 이루 말할 수 없이 하락하고, 이제는 조건을 따질 때가 아닌가 싶어 2천만 원 초반의 기업에도 지원하고 면접도 보러 다니게 된다. 돈보다는 경력을 쌓는 것이 더 중요하다는 생각에서 내린 결정이라는 말과 함께 말이다. 이런 상황에서 과연 어떤 조언을 해줄 수 있을까?

좋은 결정이라고 말할 수 없었다. 물론 지원자의 스펙, 나이, 마인드 등을 고려했을 때의 일이다. 구직 활동이 1년에서 1년 6개월 미만은 본인이 정해놓은 하한선이 있다면 타협하지 말라고 조언하고 싶다. 공백 기간이 이 정도인 지원자들은 지치고 힘들고, 누군가의 '힘내'라는 한마디조차 듣기 싫은 상태다. 아침에 다른 직장인들처럼 정장 입고 구두 신고 어디론가 나가고만 싶은 간절함은 당연히 이해한다. 하지만 타협하고 업무를 시작하는 순간, 갈 길이 더 멀어진다. 대학을 졸업하면 졸업장이 인생의 꼬리표처럼 따라다니긴 해도, 사회생활을 시작해서 어느 기업에서 무슨 직무를 했는지와 비교한다면 그야말로 아무것도 아니다.

그만큼 사회생활의 시작은 정말 중요하다. 연봉은 곧 자신의 직무의 중요도와 난이도를 뜻한다. 연봉이 생각보다 적다면 그것을 커버할 수 있는 정말 일해 보고 싶었던 기업이거나 직무여야 한다. 하지만 지치고 나약해진 상태에서 하는 선택이라면 진지하게 고민해보길 바란다. 왜 면접에서 떨어지는지 되짚어보고 면접에서의 역량을 강화해서 다시 한 번 성공적인 면접을 위해 준비해야 한다. 또한 오너비서는 경력이 높아질수록 개인의 역량에 따라 연봉이 책정되는 만큼 전문직으로 갈 수 있는 장점이 있기 때문에 전략적인 경력 계획을 세우는 것이 필요하다.

오로지 취업에만 몰두하다 보면 자신도 모르게 예민해지고 시야가 좁아지는 순간이 온다. 편안한 마음으로 자신을 객관적으로 바라보고 집중하는 시간을 가져보자.

1. 어떤 일을 할 때 가장 행복한가요?

2. 지금 현재, 가장 잘하는 일은 무엇인가요?

3. 지금 현재, 하기 싫어도 해야 할 일이 있다면 무엇인가요?

4. 비서로 취업해서 5년 후와 10년 후에는 무슨 일을 하고 있을까요?

5. 10년 후 내가 가장 잘하는 일은 무엇이면 좋을까요?

나에게 맞는 취업 전략 세우기

나에게 맞는 취업 전략을 세우기 전에 지원하는 기업의 고용 형태를 먼저 파악해야 한다. 고용 형태별로 채용 방법이 다소 차이가 있으니 다양한 정보를 수집하고 참고해서 취업 전략을 세우자.

01 기업별 정규직, 파견직, 계약직 채용 형태

고용 형태	채용 방법	전형 방법
정규직	본사에서 직접 취업 포털사이트에 공개 채용 본사 홈페이지에 채용 공고 게재 서치펌을 통해 채용(최근 가장 많이 사용하는 채용 방법, 헤드헌터가 채용 조건을 통해 취업 포털사이트에 게재 후 진행)	서류 전형〉1차 면접(실무진)〉2차 면접(임원)〉3차 건강검진 신체검사 결과 제출은 기업마다 다르며, 중견 기업과 대기업은 보통 3차까지 전형이 이루어진다. 비서 정규직은 서류 전형과 실무진 면접으로 마무리되기도 하며, 임원 면접까지 하는 기업에서는 PT 면접을 하는 곳도 있으니 전형 방법을 확인하고 준비한다.
계약직	본사에서 직접 취업 포털사이트에 공개 채용 서치펌을 통해 채용(많은 대기업에서 계약된 서치펌을 통해 지원자를 받음)	서류 전형〉1차 면접(실무진)〉2차 면접(임원) 또는 서류 면접〉1차 면접(임원) 임원이 함께 근무할 비서를 1차 면접을 보고 결정하는 경우도 있다.
파견직	서치펌을 통해서만 채용	서류 전형〉1차 면접(실무진)〉2차 면접(임원) 서치펌에서 먼저 예비 면접을 통해 1차 필터링을 하거나 본 면접을 위해 조언을 해준다. 계약직과 마찬가지로 서류 전형과 1차 면접(실무진 또는 해당 임원)만 하는 경우가 있다.

계약직은 회사 내규에 따라 업무 능력이 뛰어나도 정규직으로의 전환이 거의 불가능하다. 하지만 보직 전환을 통해 정규직으로 전환되는 경우도 간혹 있다. 가능성은 희박하지만 그렇게 될 수 있도록 노력하는 것이 중요하다. 실제로 계약직으로 입사했으나 능력을 인정받아 보좌하던 임원이 직접 일했던 기업의 다른 계열사나 보직 전환을 추천해주는 경우도 있다.

02 국내 기업 비서직의 종류

여대에서 비서 취업에 대한 강의를 하면서 왜 비서가 되고 싶은지 학생들에게 질문한 적이 있다. 솔직히 답변은 기대하지 않았다. 의사나 변호사처럼 그 직업을 위해 준비하는 것과는 조금 거리가 있는 것도 사실이다. 하지만 비서직에 관심이 있고 자신의 성향과 잘 맞을 것 같아서 지원한다면 이제부터는 취업을 위해서가 아니라 제대로 된 비서가 되기 위해 취업 준비를 해보길 바란다.

생각보다 비서의 종류는 다양하다. 일반인들이 생각하는 대기업 비서, 로펌 비서, 금융계 비서 등이 아니라 구체적으로 어떤 업무를 수행하는 비서가 되고 싶은지 생각해보는 것도 중요하다. 기업 형태에 따라 업무의 성격이 달라질 수 있기 때문이다. 구체적인 기업과 소속 형태에 따른 비서의 종류는 비서학 전공 서적에서 상세히 다루기 때문에 이 책에서는 기본적인 부분만 간략히 설명하고자 한다. 그 이유는 신입의 경우 경험해보지 못한 부분이기 때문에 로펌 비서처럼 특정 비서만을 고집하는 것 외에는 채용 공고에 따라 전부 지원할 경우가 높기 때문이다.

❶ 일반 기업 비서

일반적으로 대기업, 중소기업에서 근무하는 비서를 말한다. 상사의 직급에 따라 하는 업무가 달라지며, 어떤 직급의 상사를 보좌하는지도 중요하다. 신입 때 부장 비서였다면, 이직 시 그보다 높은 직급의 상사를 보좌해보는 것이 커리어에 도움이 된다. 보좌하는 상사의 전반적인 업무 흐름을 파악하는 것이 중요하고, 임원을 보좌할수록 회의가 많기 때문에 일정 관리와 보좌하는 상사와 관련된 임원들과의 원활한 소통 능력이 필요하다. 기본적인 비서의 수명 업무 외에도 예의 바르고 매너 있는 업무 처리 능력이 중요하다.

여기서 잠깐! ▬▬▬▬▬▬▬▬

일반 기업 비서의 주요 직무는 일정 관리, 출장 관리, 예약 업무, 전화 업무, 내방객 응대, 경조사 관리 등이며 사업별 형태와 상사에 따라 업무 형태가 변화한다. 공통적인 특징은 국내 기업의 특성상 보

❷ 공기관 비서

관공서나 공공기관의 책임자를 보좌하는 비서로 공기관 특성상 일반 기업과 확실히 차이가 있다. 공기업 비서를 대상으로 강의를 했을 때, 상사의 개인비서 업무보다는 행정 업무를 주로 담당하는 컴퓨터 활용 능력이 뛰어난 비서가 주를 이루었다. 부서별 분업화로 출장이나 경조사 업무 등이 포함되지 않는 공기관도 있었다. 업무의 강도라든지 출퇴근 시간은 일반 기업에 비해 비교적 편하고 규칙적인 편이다.

그 외에도 교육연구 비서, 회계 비서, 의료 비서, 종교 비서, 비영리단체 비서 등 형태에 따른 비서직이 있다. 지금까지 기업의 종류 및 형태에 따른 비서직에 대해 알아보았다면, 기업 내 소속 형태 및 업무 내용에 따라 비서직이 구분되기도 한다.

03 소속 형태에 따른 비서

❶ 안내 비서 또는 리셉셔니스트Receptionist

주 업무는 내방객 응대로 가장 먼저 외부 방문객과 마주하는 포지션으로 회사를 대표하는 이미지이기도 하다. 방문객에 따른 적절한 안내와 응대가 필요하고 외국인 방문이 잦다면 기본적인 영어회화 실력이 요구된다. 이외에 대표번호 및 부재 중인 임직원 전화 응대와 간단한 비서 업무를 수행한다. 기업에 따라 건물 내 오픈된 공간에 위치하기도 하며, 사무실 입구에 위치해서 근무하는 경우도 있다. 많은 직원들과 소통하며 상대해야 하는 안내 비서로 많은 사람을 응대하는 만큼 원만한 대인관계 능력이 요구된다.

❷ 비서실 소속 비서

비서실이 있는 기업의 해당 부서에 소속된 비서로 비서과장 또는 실장과 여러 명의 비서로 구성된다. 각자 담당하는 비서 업무가 체계적으로 분담되어 효율적인 업무 순환 구조를 가지고 있다. 비서실 소속 직원들 간의 단합과 업무 공유를 위해 타인을 배려하는 마음가짐이 필요하며, 비서 업무를 체계적으로 배울 수 있다는 장점이 있다.

❸ 오너(개인)비서

한 기업의 대표를 보좌한다. 대부분의 기업이 대표를 보좌하는 담당

개인 비서가 있다. 전반적인 경영 지원부터 간혹 상사의 개인적인 업무까지 담당하기도 한다. 상사와 기업과 관련한 모든 것에 대한 기밀 유지를 위해 보안을 중시하며, 기업의 경영 구조에 대한 이해와 한 발 앞서가는 능동적인 태도도 중요하다. 또한 상사의 업무 효율성을 극대화하기 위한 따뜻한 배려와 관심을 갖춘 인간적인 면모도 필요하다.

❹ 복수형 비서

두 사람 이상의 상사를 보좌한다. 한 사람의 비서가 세 명의 상사를 보좌하는 경우도 있으며, 대표와 부대표를 동시에 보좌하기도 한다. 여러 명의 업무를 수행해야 하기 때문에 멀티태스킹 능력이 필수다. 때로는 직급에 따라, 때로는 업무의 중요도에 따라 처리해야 하는 우선순위를 파악하고 이에 따른 의사 결정 능력이 요구된다. 상사별 성향을 파악하고 업무를 지시 받았을 때 신속 정확하게 해당 상사가 요구하는 지시 사항을 마무리할 수 있어야 한다. 실수를 최소화하기 위해 메모하는 습관이 중요하다.

❺ 팀 비서

팀 전체에 소속된 비서로 해당 부서의 헤드head와 팀원 전체를 보좌한다. 주로 외국계 기업 비서의 소속 형태이며, 팀장의 개인적인 비서 업무도 담당하면서 팀원들의 업무도 지원한다. 이외에 회계, 인사 업무까지 담당한다. 전반적인 부서의 업무 이해도와 각 팀원들이 담당하고 있는 업무 파악도 필요하다. 자신만의 고유 업무를 만들어놓는 것이 중요하며, 모든 팀원의 지원 업무를 담당하기 때문에 커뮤니케이션 능력이 매우 중요하다. 때로는 다른 팀원의 업무가 넘어오기도 하는데, 이때 업무 영역과 범위를 정확하게 구분하는 판단력이 필요할 수도 있다. 만약 새로운 업무를 맡게 된 경우에는 연봉 협상 시 직무 기술서를 새로 작성하도록 요구해야 한다.

현재 로펌 비서로 근무하고 있는 지인은 로펌만의 장점보다는 오너 비서를 희망하며 만족할 만한 조건이 나오면 이직하고 싶어 한다. 비서로서의 가치관, 직업으로써 생각하는 이상향이 제각각 다르기 때문에 어떤 형태의 비서가 더 좋다고는 말할 수는 없다. 하지만 전문 비서로 성장하기에 로펌 비서가 한계가 있는 건 사실이다. 오너 비서로 한 기업의 대표를 보좌하며 성장하고 싶은 지원자가 있다면, 다양한 형태의 기업 비서를 경험해본 다음 오너비서에 도전해보길 바란다.

04 채용 공고를 통해 필요한 역량 확인하기

스펙을 무시할 수는 없지만 역량을 중시하는 시대인 만큼 자격증을 취득하기 위해 모든 시간을 할애하기보다는 전략적으로 어떤 역량이 필요한지 알아두는 것이 중요하다. 채용 공고란에 '업무 내용'을 확인하면 입사해서 어떤 업무를 주로 하는지 파악할 수 있다. 예를 들면, '스케줄 관리 및 각종 예약 업무, 전화 및 방문객 응대 업무, 회의 준비 및 정리 업무, 전표 처리 업무'가 주요 업무라고 명시되어 있다면 신입은 인턴과 아르바이트를 통해 관련 업무를 접하거나 이론적인 업무 프로세스를 알아두는 것이 도움된다. 특히 '우대 사항'이 명시되어 있다면, 해당 사항에 대해 중점적으로 강조할 필요가 있다. 경력직은 이전 직장에서 해보지 않은 업무가 있다면 미리 숙지하고 면접에 대비하자.

채용 공고 예시

모집 부문	담당 업무	자격 요건 및 우대 사항
○○ 그룹사 임원비서	임원비서 업무 인사/경영지원 업무	– 대학 졸업(2~3년) 이상 – 관련 경력자 우대 – 긍정적인 마인드 소유자

○○ 게임회사
대표이사비서
	대표이사비서 업무	– 대학교졸업(4년) 이상
		– 영어 커뮤니케이션 필수
		  (OPIC 기준 Intermediate High 이상)
		– 회사 및 상사에 대한 충성도, 기밀 수준,
		  신뢰도 높은 업무 스타일을 가진 자
		– 대기업 임원 또는 중견업체 비서 경력자 우대

○○ 유통회사 임원비서	임원비서 업무 (정규직)	– 대학졸업(2~3년) 이상 – OA 능숙자(워드, 엑셀) – 운전 가능자 우대 – 포토샵 가능자 우대
○○○ 의원실 인턴비서	국회 상임위 정책, 입법, 행정, 회계 업무 전반	– 국가 공무원법 제33조의 결격사유에 해당되지 않는 자 – 국회 업무 유경험자 우대 – 회계 업무 유경험자 우대 – SNS 홍보 업무 유경험자 우대

＊위와 같은 채용 공고는 취업 포털사이트에서 확인 가능하다.

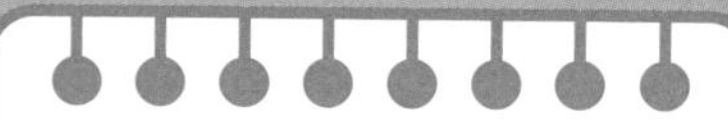

국내 기업 비서, 무엇을 어떻게 준비할까?

이력서와 자기소개서로 면접의 기회 잡기
(국내 기업 & 로펌 비서 공통)

이력서란 내가 어떤 삶을 살아왔는지에 대한 경험과 경력을 기술하는 양식으로 인사 담당자에게 자신에 대한 객관적인 정보를 전달하는 것을 목적으로 작성된 문서다. 같은 내용의 이력서를 여러 곳에 지원했을 경우 어느 기업에서는 합격 통보를, 다른 기업에서는 불합격 통보를 한다. 기업에서 원하는 인재상에 맞지 않을 때는 어쩔 수 없지만, 이력서의 양식이 잘못되었거나 성의가 없어 보이면 아무리 훌륭한 스펙을 갖춘 인재라도 서류 전형을 통과할 수 없다. 이제 기본에 충실한 이력서에 대해 알아보도록 하자.

01 기본에 충실한 이력서 작성하기

❶ 깔끔한 양식으로 작성하기

기업이나 취업 포털사이트에서 제공하는 정해진 양식을 사용하지 않을 때는 깔끔한 이력서 양식으로 인사 담당자의 시선을 사로잡아야 한다. 신입은 해당 사항이 없는 항목을 공란으로 두는 것보다는 필수 항목만으로 상세하고 일목요연하게 표현할 수 있는 이력서 양식을 선택하자. 경력직은 표가 너무 많이 삽입되어 가독성을 떨어뜨리기보다는 레주메처럼 텍스트 위주의 양식이 좋다(외국계 비서 편 참조).

❷ 인사 담당자의 입장에서 작성하기

본인이 만약 이력서를 검토하는 담당자라면, 어떤 이력서를 낸 사람과 면접을 하고 싶은지 고민해보길 바란다. 구구절절 모든 정보를 적어 이력서가 길어진다고 좋은 것은 아니다. 꼭 필요한 핵심 정보만 전달할 수 있도록 작성하는 것이 좋다.

❸ 경력 사항(인턴, 아르바이트, 비서 직무 관련 등)을 중심으로 작성하기

자기소개서에 집중한 나머지 이력서를 너무 간단하게 작성해서 어떤 경력이 있는지 파악하기 어려운 경우도 많다. 기본적으로 이력서에 경력이 자세히 기재되어 있어야 관심을 가지고 자기소개서를 읽게 된다. 본인의 강점을 보여줄 수 있는 경력란을 소홀히 하면 안 된다.

❹ 이메일 접수 시 유의 사항

모든 서류가 한 파일에 들어가야 한다. 가끔 이력서, 자기소개서, 경력기술서를 각각 보내는 지원자도 있고, 이력서는 MS-Word, 자기소개서는 한글프로그램, 경력기술서는 파워포인트 형식으로 보내는 지원자도 있다. 이메일 제목과 파일 이름에도 '지원분야＋성명'의 형식으로 격식을 갖추는 것이 중요하다.

02 효율적인 이력서 작성 팁

❶ 직무 중심

이력서를 작성할 때 일반적인 경력을 나열하는 것은 바람직하지 않다. 다양한 경험이 중요한 것은 사실이지만, 지원하고자 하는 포지션과 연관성이 없는 경력은 오히려 독이 될 수 있다. 직무 분야와 관련 없는 항목은 제외하고 자신의 업무 영역과 분야가 명확하고 구체적

으로 드러날 수 있도록 작성한다.

❷ '정성' 들이기

국문 이력서에는 기본적으로 작성해야 하는 항목이 있기 때문에 충실하게 모든 칸을 채워야 한다. 기업이 요구하는 기본적인 정보(전화번호, 이메일 주소, 희망 연봉 정도 등)를 입력한다. 또 취미나 특기, 경력이 없다고 공란으로 두는 경우가 있는데, 경력은 돈을 받고 일한 경험만을 의미하는 것은 아니다. 세상의 모든 입사는 이력서에서부터 시작된다는 사실을 명심하자. 이력서야말로 취업의 당락을 좌우하는 가장 중요한 관문이니 항목 하나하나에 성의를 기울여 '정성' 가득한 첫인상을 남겨야 한다.

❸ 양보다는 질이 중요

자신의 모든 것을 보여주고자 하는 과한 욕심에 너무 많은 내용을 적어도 오히려 감점 요소가 될 수도 있다. 정해진 분량을 넘기지 말고 꼭 필요한 내용만 기입하자.

❹ 이모티콘, 인터넷 용어는 절대 금물

'설마 이력서인데 누가 줄임말을 쓰겠어?' 하고 생각하겠지만, 일상에서 무의적으로 사용하는 습관으로 자신도 모르게 실수하는 경우가 생각보다 많다. 특히 요즘은 온라인 서류 접수가 많기 때문에 이력서뿐만 아니라 '첨부합니다^^, 감사합니다^^' 등의 끝맺음으로 친근함을 표현하고자 하는데, 절대 사용하면 안 된다. 지원자로서 전문성과 격식을 갖춰야 하는 것은 기본이다.

❺ 정직한 이력서

이력서를 작성하다 보면 더 멋진 사람으로 표현하고 포장하고 싶은 것이 사람 마음이다. 하지만 허위사실 기재는 합격의 기쁨 후 취소의 아픔으로 이어지며 평생 후회할 수 있는 오점으로 남게 된다. 서류 입증이 필요 없는 범위 안에서 자신의 장점은 최대한 살리되, 허위 사실과 거짓 이력은 없어야 한다.

03 항목별 이력서 작성법

❶ 사진

국문 이력서에는 필수적으로 사진을 부착한다. 사진은 서류 심사 시 인사 담당자의 시선이 가장 먼저 가는 부분이다. 비서직은 인상과 함께 기업에 부합하는 이미지를 중시하는 만큼 이력서용 사진에 신중을 기해야 한다.

표정은 웃는 얼굴로 살짝 입꼬리가 올라가거나 활짝 웃어서 치아가 보여도 상관없다. 두 가지 모두 찍어보고 둘 중 자연스럽고 자신감 있는 사진을 선택하자. 배경색은 파란색과 회색 계열 중 고민하게 되는데, 자신의 이미지와 표정에 따라 파란색 계열이 잘 어울리는 지원자가 있는 반면, 회색 계열의 차분한 이미지가 부각되는 지원자가 있다. 최근에는 배경색으로 파란색 계열을 사용하는 추세지만 정해진 규정은 없으니 자신의 이미지에 따라 어울리는 것으로 선택한다.

❷ 인적 사항과 연락처

성명은 한글, 한자, 영문까지 모두 적는다. 생년월일은 서기로, 나이는 만 나이로 기재한다. 연락처와 이메일은 서류 전형에서 지원자와 소통하는 가장 중요한 채널이다. 제출하기 전 정확히 기입했는지 최종 점검하는 습관이 필요하다. 이메일 주소는 비상용 또는 어렵거나 이상한 의미가 내포된 주소는 사용하지 않는다. 주소는 본인이 거주하고 있는 주소를, 본적은 호적에 있는 주소를 기재한다. 주민등록 등·초본에 기재된 내용과 동일하게 적어야 한다.

이메일 주소와 관련해서는 '외국계 기업 비서 편'에서도 언급했지만, 학창 시절 의미 없이 만든 이메일을 사용하지 않도록 한다. 예를 들면, 이름을 영어로 타이핑해서 만든 이메일이라든지 rlawldns0307@xxxxx.com 또는 blackcat@xxxxxx.com 등의 이메일 주소는 피한다. 비서직을 지원하는 만큼 비서와 관련된 이메일(secretary_mjkang@xxxxx.com)을 새로 만들어 사용해보는 것도 좋은 아이디어다.

거주지 주소는 국문 이력서에서 아쉽게도 의미가 부여되는 요소다. 기업의 입장에서는 비슷한 스펙 또는 다른 지원자에 비해 스펙이 조금 낮더라도 회사에서 가까운 사람을 채용하고 싶어하기 때문이다. 입사한 직원이 출퇴근 거리가 너무 멀거나 지방에서 혼자 올라와 거주해야 하는 상황이라면 기업 입장에서도 부담감을 느낄 수 있다. 친척이나 지인 중 지원하는 회사에서 가까운 곳에 산다면 지인의 주소를 기재한다. 합격하면 이전 신고를 하고 나서 서류를 제출하는 방법도 있으니 참고하자.

❸ 학력 사항

학력은 일반적으로 고등학교 졸업부터 적으며, 입학과 졸업 날짜는 증빙 서류를 참고해 정확하게 기재한다. 졸업 예정자라면, 졸업 예정일도 반드시 기재한다.

최근 몇 년간 비서학과가 아닌 비전공자의 지원이 증가하고 있다. 비서직은 전공과 무관한 편이나 비서학과를 우대한다. 하지만 비서학과 전공자이면서 인턴이나 아무 경험이 없는 사람, 비전공자면서 사무직 또는 비서 직무와 관련된 경험이 있는 사람 중 어떤 사람을 채용할까? 비서학과 출신이 아니더라도 비서 직무에 대한 역량을 키운다면 전공은 문제가 되지 않는다.

학점은 3.5 이상이 안전하다. 학점이 낮으면 '성실성'이 부족하다는 인식을 주기 때문에 학점도 관리해야 한다. 학점이 낮으면 이와 관련해 공격적인 질문을 할 수도 있으니 대비하는 것이 좋다.

스펙 때문에 스트레스를 받고 자신감이 떨어져 '과연 내가 지원해도 될까?' '지원하면 합격할 수 있을까?' 하는 고민을 한다면 시간 낭비일 뿐이다. 자신의 힘으로 변화시킬 수 없는 것에 대해서는 더 이상 고민하지 않는 것이 현명하다. 현재 상황을 변화시킬 수 없다는 사실은 인정하고 넘어가는 것이 좋다. 특히 '학교'가 그렇다. 본인의 대학 생활을 통해 다양한 기회와 혜택을 받았던 점을 생각해보자. 자신의 모교를 자랑스러워하고 자부심을 갖고 있어야 지원한 회사에서도 저렇게 애사심을 갖겠구나 하는 생각을 하지 않겠는가.

❹ 경력 사항

경력 사항은 앞서 언급했듯이 경력과 경험이 부족해도 빈칸으로 두지 말고 비서직과 연관된 아르바이트, 봉사활동, 동아리 활동 등을 연도순으로 작성한다. 비서 직무를 수행하면서 도움이 될 만한 사회 경험이 있다면 기재한다. 봉사활동은 취업에 큰 영향을 미치지는 않지만 면접 시 질문을 유도할 수 있고 호감도 상승에 도움이 될 수 있다.

❺ 자격증 및 기타 사항

비서 직무에 필요한 자격증을 우선으로 기재한다. 문서와 데이터 관리 및 작성 컴퓨터 활용 능력이 필요한 업무를 주로 하기 때문에 이와 관련된 자격증을 우대한다. 입사해서 영어를 쓸 일이 많지 않아도 외국어 성적은 대부분 높은 점수를 선호한다. 컴퓨터 활용과 제2외국어 회화가 가능한 정도를 적는다. 공인 시험은 성적에 유효 기간이 있으므로 반드시 날짜를 확인하고 발행일과 주관처를 함께 기재한 후 첨부한다. 참고로 현재 시행되고 있는 비서 자격증은 기업에 따라 우대 사항이 있으면 도움이 되지만, 그렇지 않을 때는 큰 혜택은 없다. 외국어 또는 컴퓨터 활용 능력을 더 키우는 것이 바람직하다.

인사 담당자가 파악하고자 하는 것은 실전에서의 어학 실력 및 커뮤니케이션 능력이다. 어학연수를 다녀왔다면 필수로 기재한다. 취미 및 특기의 경우가 가장 고민스러운 부분이다. 그렇다고 공란으로 두지는 말자. 평범한 취미라도 무엇을 하며 여가 시간을 보내는지, 무엇을 할 때 행복한지 생각해보자. 특기는 비서 직무와 관련된 것 중 잘하거나 좋아하는 것을 기록하면 서류 전형과 면접 때 도움이 된다 (자세한 사항은 '로펌 비서 편' 면접 내용 참고).

❻ 가족 사항

호주와의 관계는 호주 쪽에서 본 자신의 관계를 말한다. 예를 들면 '장남', '차녀' 등으로 작성한다. 동거 여부 표시란이 있다면 동거·비동거 또는 Y/N, O/X 등으로 기재한다.

본인과의 가족관계

아버지	부(父)	오빠, 형	형(兄)
어머니	모(母)	여동생	매(妹)
언니, 누나	자(姉)	남동생	제(弟)

여기서 잠깐!

가족 사항이 이력서에 왜 필요한지, 본인이 취업하는 것에 어떤 의미가 있는지 의아한 지원자도 있을 것이다. 나 또한 그런 생각을 한 적이 있다. 불필요한 사항이라면 양식에서 없어져야 하는 것이 맞지만, 현재 이력서에는 기재하는 공간이 있다. 불평보다는 가벼운 마음으로 작성해보자. 기업의 입장에서 장차 직원이 될 사람의 가정환경을 알아보고 싶은 단순 참고용이며, 전형에 영향을 미치는 사항은 아니다. 부모님의 직업란이 부담스럽거나 고민된다면, '회사원'이라고 작성하는 것이 무난하다. 특정 직업에 종사할 경우 포괄적인 의미로 작성해도 된다.

자기소개서는 말 그대로 본인을 자세하게 소개하는 글이다. 인사 담당자들은 "우리 회사에 진심으로 들어오고 싶어하는 사람을 뽑고 싶다."는 말을 하곤 한다. 이 말이 오직 한 회사만을 준비한 취업 준비생을 채용하고자 하는 것은 아니다. 얼마나 해당 기업에 관심과 열정이 있지가 인사 담당자들이 공통적으로 보고 싶어하는 부분이다. 서류 전형에서는 자기소개서를 통해 이런 부분을 평가한다.

자기소개서 문항 중 '지원 동기 및 포부' 또는 ' 입사 후 목표' 등을 통해 회사가 나아가고자 하는 방향과 지원자가 조직에서 이루고자 하는 목표가 부합되는지 엿볼 수 있다. 그만큼 입사를 원하는 열의와 비서로서 조직에서 발휘할 수 있는 역량, 그러한 역량이 조직에 어떤 영향을 줄 수 있는지 잘 작성해야 한다. 본인을 소개하는 글인 만큼 다른 지원자들이 쓴 것을 인용하거나 흔히 볼 수 있는 상투적인 단어를 나열하기보다는 진정성이 느껴지도록 써야 한다. 진심이 잘 전달될 수 있게 자신만의 특별함과 가치를 잘 표현하는 것이 중요하다. 자기소개서를 작성할 때 지켜야 하는 기본 사항을 살펴보자.

❶ 자기소개서의 목적

가장 먼저 '왜 써야 하는지'를 고민해야 한다. 내가 하고 싶은 말이 아니라 기업이 듣고 싶은 말을 적는 것이 핵심 포인트다. 자기소개서는 나의 열정, 의지, 노력을 표현하는 기회, 회사를 위해 일할 수 있는 사람임을 강조하는 기회, 스펙의 부족함을 메울 수 있는 기회, 면접을 하고 싶게 만드는 기회로 활용해야 한다.

❷ 자신만의 이미지 구축

회사의 비전과 가치를 함께하고 비서로서 필요한 인재임을 보여줄 수 있는 이미지를 일관성 있고 짜임새 있게 작성하는 것이 중요하다. 자신의 비전만 너무 강조하다 보면 자칫 독선적인 사람으로 비쳐질 수 있으니 한 조직의 구성원으로 함께 성장할 수 있는 조화로운 이미지를 강조한다.

❸ 추상적·상투적인 문구 제외

'최선을 다하겠습니다' 또는 '무조건 열심히 하겠습니다'라는 막연한 표현은 성의가 없거나 의지를 엿볼 수 없는 표현이다. 또한 '해당 기업의 브랜드를 볼 때마다 늘 입사를 꿈꿔왔습니다' 또는 '가슴이 벅차오릅니다' 등의 상투적인 표현도 고민하지 않고 쓴 것 같은 인상을 주기 때문에 좋은 점수를 얻을 수 없다.

❹ 구체적인 경험 제시

자기소개서 작성 시 가장 중요한 것은 구체적인 경험과 사례가 뒷받침되어야 한다는 것이다. 비서 직무와 관련된 본인만의 경험을 제시하고 비서직을 선택하는 데 영향을 준 계기 등을 일화 형식으로 작성하는 것이 좋다.

❺ 짧고 간결한 문장

전달하고자 하는 내용을 빠르게 파악할 수 있도록 짧고 간결하게 작성한다. 분량이 정해져 있으면 규정에 맞춰 작성하고 그렇지 않으면 A4 용지 2장에서 최대 3장이 적당하다.

❻ 시간적인 여유를 가지고 작성하기

마감 시간이 임박해서 급하게 작성하는 지원자의 자기소개서는 '성의 없음'이 드러나기 마련이다. 충분한 시간적인 여유를 갖고 거듭 검토하면서 정성을 다해 작성한다.

05 한눈에 쏙쏙 들어오는 자기소개서 작성법
(국내 기업 & 로펌 비서 공통)

❶ 지원 동기

어느 기업에나 두루 해당될 만큼 평이하고 차별화가 안 된 지원 동기는 좋은 평가를 받을 수 없다. 지원한 기업의 업종이나 특성 등을 비서직과 연관시켜 지원하게 된 동기를 언급하면 좋다. 이를 위해서는 해당 기업의 홈페이지 또는 사보 등의 자료를 통해 기업의 정보를 확인하고 고민해보는 것이 바람직하다. 뚜렷한 동기를 밝혀 입사 후에도 의욕적으로 일할 거라는 인상을 주어야 한다.

구성 1 지원 기업에 대한 조직 문화 또는 최신 이슈(좋은 점)를 작성한 다음 자신이 일하고 싶었던 기업과 일치한다는 내용을 첨부한다. 기업의 조직 문화와 함께 성장하고, 비서로서 더 발전하는 기업이 될 수 있도록 노력하겠다는 구체적인 의지를 예시와 함께 제시하며 마무리한다.

구성 2 대학 생활과 여러 경험(인턴, 아르바이트, 이전 경력)을 하면서 자신에 대한 평가 중 가장 인상 깊었던 내용으로 시작한다. 구체적인 사례로 어떻게 기업의 발전에 기여할 수 있을지 작성하고, 자신의 장점으로 근거를 제시한다. 앞으로 비서로서 자신의 발전 가능성을 제시하며 마무리한다.

구성 3 지원하는 기업의 강점과 원하는 인재상을 작성한다. 비서라는 포지션과 직무가 왜 중요한지 자신의 생각을 밝힌다. 본인이 기업에 부합하는 인재상임을 구체적인 사례와 함께 제시하는데, 그간 어떤 노력을 해왔는지 포함해서 표현한다. 마지막으로 해당 조직의 일원으로 비서를 희망한다는 것을 제시한다.

구성 4 비서학 전공자로서 비서가 되고자 하는 구체적인 이유로 시작한다. 주의할 점은 '비서학 전공이므로 당연히 비서를 하려고 한다'는 등의 표현은 열정이 없어 보이니 주의한다. 비전공자라면 자신의 전공이 어떻게 비서 업무에 도움이 되는지 구체적인 사례와 함께 제시한다. 비서가 되기 위해 어떤 경험과 노력을 했는지, 이러한 경험을 통해 무엇을 배웠는지 작성한다. 마지막으로 자신이 지원한 기업이 제시하는 비서상이 되겠다는 의지를 표현한다.

❷ 입사 후 포부

지원하는 기업과 비서 직무에 대한 이해를 서술한 다음 입사가 결정되었다는 가정 아래 자신의 목표를 구체적으로 작성하는 것이 좋다. 비서로서 실천 가능한 일부터 어떻게 회사의 발전에 기여할 것인지 밝힌다.

구성 1　단기(1~3년), 중기(3~5년), 장기(5년 이상)의 목표를 제시하며, 이 목표를 달성하기 위해 어떤 노력을 할 것인지 작성한다. 단순한 개인적인 목표보다는 회사의 발전을 위해 갖춰야 할 역량과 능력을 중심으로 작성하며 회사와 함께 성장할 것을 명시한다.

구성 2　전문 비서로서 갖춰야 할 자질과 능력을 비롯해 현재 부족한 점을 작성한다. 입사해서 필요한 능력을 어떻게 발전시킬 것인지 구체적으로 제시한다. 자신의 성장이 기업에 어떤 도움이 될 것인지 작성한 다음 다짐으로 마무리한다.

구성 3 첫째, '○○비서로 성장하겠습니다', 둘째, ' 책임감이 강한 비서가 되겠습니다'처럼 자신만이 내세울 수 있는 아이덴티티 identity를 두세 가지 내세운다. 이런 정체성이 어떤 강점이 있는지, 상사가 업무를 효율적으로 처리할 때 어떤 도움이 되는지 각각의 소제목에 맞춰 작성한다. 유능하고 실력 있는 비서가 되기 위해 실천해야 하는 목표와 다짐을 제시하며 마무리한다.

❸ 성장 과정

언제, 어디서, 몇 째로 태어났는지를 나열하는 진부한 형식에서 벗어나 학창 시절의 독특한 체험이나 에피소드를 개성 있게 표현한다. 자신의 뚜렷한 개성이나 장점이 돋보일 수 있는 내용을 중심으로 작성한다. 성장하면서 어려움에 직면했을 때 어떻게 극복했는지 설득력 있게 작성함으로써 읽는 이의 공감을 불러일으킨다.

구성 1 부모님의 직업 또는 교육관으로 시작한다. 특징적인 에피소드를 한두 가지를 밝혀 구체적인 사례를 제시하는 것이 좋다. 예를 들면, '아버지가 지속적으로 후원하시는 기관에서 봉사활동을 한 지 15년째입니다.' 이런 환경과 경험으로 어떤 영향을 받으며 성장했고, 현재 어떤 가치관을 가진 사람인지를 표현한다. 마지막으로 입사해서 이런 배움을 통해 어떻게 더 많은 가치를 실현하기 위해 노력할 것인지 작성한다.

구성 2　본인의 좌우명으로 시작한다. 왜 이런 좌우명을 가지게 되었는지 배경을 설명하고 현재까지 좌우명을 지키고 실현하기 위해 노력한 점을 언급한다. 또한 주변에 자신의 좌우명이 어떤 긍정적인 영향을 주었는지 작성한 다음 입사해서도 더 많은 선한 영향력을 행사하는 사람이 될 것임을 표현한다.

구성 3　대학 때 대외 활동 또는 실수를 통해 가장 크게 성장했던 경험으로 시작한다. 왜 본인이 변화할 수밖에 없었는지 구체적인 사례를 제시한다. 그런 배움과 깨달음이 비서 업무를 하는 데 있어 조직에서 어떻게 활용할 것인지 작성한다.

❹ 성격의 장단점

스스로에 대한 분석이 선행되어야 자신의 장단점을 객관적으로 표현할 수 있다. 자신의 성격을 서술할 때는 구체적인 예를 제시하며 장점은 최대한 상세하게 언급하는 것이 좋다. 그러나 과도한 자화자찬은 금물이며, 단점은 누군가에게는 장점으로 보일 수 있는 것이 좋다. 예를 들면, 기본적으로 '배려심'이라는 단어는 긍정적인 표현이다. 하지만 성격상 늘 타인에 대한 깊은 배려심으로 인해 스트레스를 받고 있다면 이는 자신의 단점으로 표현이 가능하며, 타인에게는 장점으로 보일 수 있는 것이다.

구성 1   비서의 경쟁력으로 내세울 수 있는 장점으로 시작한다. 이를 뒷받침할 수 있는 주변의 평가를 인용구로 사용해도 좋고, 주변 평가에 대한 자신의 생각을 서술해도 좋다. 비서로서 이러한 장점을 어떻게 활용하고 발전시킬 것인지 작성한다. 자신의 단점을 언급한 다음 단점으로 인해 반성하게 된 계기와 개선하기 위해 어떤 노력을 하고 있는지 작성한다.

구성 2   자신의 장점을 언급한 다음 그런 장점이 주변에 도움을 준 사례나 좋은 성과를 얻었던 경험을 구체적으로 작성한다. 이런 장점이 비서 직무를 수행함에 있어 어떤 도움이 되는지 언급한다. 자신의 단점을 쓰고, 그런 단점의 원인을 파악하고, 앞으로 노력하고 개선한다면 장점이 될 수 있음을 제시한다. 현재 어떤 노력을 하고 있는지와 함께 개선 방안을 통해 장점이 될 수 있도록 각오를 작성한다.

여기서 잠깐! ━━━━━━━━━━━━━━

자유 형식이라면 성격의 특징과 장점만을 부각해서 작성해도 된다. 대신 면접에서 단점을 물어볼 수 있으니 답변을 준비해야 한다.

장점 예시

- 긍정적인 마인드
- 배려심
- 꾸준함
- 도전정신
- 외국어 능력 등
- 소통 능력
- 입이 무거움
- 낮춤의 자세
- 센스
- 꼼꼼함
- 성실성
- 겸손함
- 밝은 미소

❺ 경력 사항

비서 경력을 가진 지원자라면 구체적으로 어떤 업무를 했는지, 어떤 성과를 보였는지 상세하게 수치화하여 작성한다. 신입은 인턴 경험, 봉사활동, 교내와 교외 활동, 아르바이트 경험 등을 서술한다. 사무직 또는 비서 업무와 관련된 경험이 있다면 보다 구체적으로 강조해서 작성한다.

구성 1　　두세 가지 정도의 사무직 관련 경험을 구체적인 사례로 제시한다. 업무를 통해 배운 점과 직무를 통해 자신의 어떤 부분이 성장했는지 언급한다. 사무직과 관련한 경험이 없다면 그 업무를 통해 비서로 입사했을 때 활용할 만한 부분을 언급한다. 그런 경험이 비서 직무에 어떤 도움이 될지 활용 방안을 제시하며 마무리한다.

구성 2　　다양한 경험을 수치화해서 표현한다. 예를 들면, ○○회사의 인턴으로 근무할 당시 의전 업무를 담당했습니다. 약 150명의 데이터를 업데이트하고 초대장 발송 업무를 했으며, 10곳이 넘는 장소를 직접 답사하며 장소를 선정하였습니다. 이런 식으로 수치화해서 작성하면 전달력이 상승된다. 경험과 실수를 통해 배우고 성장한 점을 작성한 다음 입사해서 비서로서의 각오와 다짐을 언급하고 마무리한다.

여기서 잠깐! ━━━━━━━━━━━━━━━━━━━━━━━━

인사 담당자는 어떤 업무를 했는지도 중요하지만 어떤 성과를 냈는지가 더 중요하다. 또한 가능한 한 아주 어려운 맞춤법이 아니라면 정확하게 표현하도록 한다. 쉬운 맞춤법을 틀릴 경우 지원자의 근본적인 국어 실력을 의심할 수밖에 없다. 띄어쓰기는 문법적인 문제는 차치하고 일단 읽기가 힘들어서 대충 읽게 된다. 채점관의 눈에 거슬릴 수밖에 없는데, 최악의 경우는 아예 읽지도 않고 넘어갈지도 모른다. 요즘 유행하는 인터넷 용어 등은 사용하지 않도록 주의한다.

06 최종 점검은 필수. 검토 또 검토하기(국내 기업 & 로펌 비서 공통)

이력서와 자기소개서를 작성하는 것은 굉장한 집중력과 정성을 요하는 작업으로 지치고 에너지 소모도 크다. 전부 완성하고 나서 어떠한 검토도 안 하고 제출하는 지원자가 많다. 맞춤법과 띄어쓰기의 오류, 매끄럽지 못한 문장과 구성 등은 지원자에 대한 좋지 않은 이미지로 연결되어 서류에서 탈락할 수도 있다. 마지막까지 최선을 다하는 모습을 보이며 힘을 내보자.

열심히 심혈을 기울여 작성만 만큼 끝까지 만족스러운 이력서와 자기소개서가 될 수 있도록 검토하는 것이 필요하다. 시간적 여유를 두고 검토하다 보면 바로 발견하지 못한 오류를 찾을 수 있으니 느긋하게 검토한다. 주변에 첨삭을 부탁할 수 있는 사람이 있다면 도움을 받는 것도 좋다.

검토 체크리스트

이력서

☐   사진은 첨부했는가?

☐   글자체와 글자 크기가 일관성이 있는가?

☐   모든 기입란을 빠짐없이 기재했는가?

☐   오타 없이 정확히 기재되었는가?

☐   날짜, 학점 등 증명서와 비교 확인했는가?

☐   파일 제목과 양식(워드, 한글, PDF 등)을 지원하는 기업이

요구하는 대로 저장하였는가?

☐ 거짓 없이 작성되었는가?

자기소개서

☐ 전체 분량이 기업에서 제시한 것과 맞는가?

☐ 자유 분량이면 전체 분량이 2~3장이 맞는가?

☐ 지원하는 기업명 외 기업 관련 정보를 정확히 기재했는가?

☐ 직무와 관련된 자신만의 강점을 제대로 부각했는가?

☐ 공고에 명시된 직무기술서와 자질을 갖추었음을 표현했는가?

☐ 글자체는 이력서와 동일한가?

☐ 글자체와 글자 크기가 통일성이 있는가?

☐ 문장 구성이 매끄러운가?

☐ 한 문장이 너무 길지는 않는가?

☐ 각 소제목은 볼드체로 선명하게 구별했는가?

☐ 오탈자가 없는가?

☐ 이모티콘 및 약어는 사용하지 않았는가?

☐ 파일 제목과 양식(워드, 한글, PDF 등)을 지원하는 기업이
   요구하는 대로 저장했는가?

☐ 거짓 없이 작성되었는가?

국내 기업 비서가
되기 위한
마지막 관문

성공적인 면접을 위한 전략

서류 통과의 기쁨도 잠시, 입사를 향한 면접이라는 관문이 남아 있다.
지금부터는 마인드 컨트롤과 함께 해당 기업에 맞는 전략적 면접을
준비해야 한다.

01 면접 질문 유형

국내 기업 비서도 로펌 비서와 마찬가지로 인성 면접이 주를 이룬다
(로펌 비서 편 면접 참고). 하지만 국내 기업의 비서 채용은 실무진과
1차 면접을 진행하는 경우가 많기 때문에 주로 비서 실무와 관련된
질문도 받는다.

[예시 질문_상황 대처 능력]

보좌하는 상사가 다른 임원들과의 점심 약속을 10분 전에 취소 지시
했습니다. 어떻게 하겠습니까?

[답변 know-how]

침착하게 행동하는 순서에 대해 언급한다. 가장 먼저 다른 임원들에
게 취소 공지를 내선 전화 또는 휴대폰으로 알리고, 부재중일 때는
문자를 전송한다. 점심시간이 지나서 임원들에게 취소된 이유를 설
명하고 다시 약속을 잡는다. 또 이런 내용을 담은 sorry letter를 보

내겠다고 설명한다.

[예시 질문_상황 대처 능력]

내방객이 차 주문 시 괜찮다고 하거나 아무거나 달라고 하면 어떻게 하겠습니까?

[답변 know-how]

계절에 맞게 따뜻한 음료와 차가운 음료 중 정한다. 내방객이 괜찮다고 하거나 아무거나라고 대답할 때는 물을 대접하는 것이 무난하다. 유리 찻잔이 있으면 찻잔으로 대접하는 것을 선호하며, 300ml 물병과 컵도 괜찮은 조합이다. 300ml 사이즈의 물병은 가방에 넣어도 부담되지 않아서 챙겨 갈 수도 있다. 또는 보좌하는 상사가 마시는 음료와 같은 것을 대접해도 된다.

[예시 질문_상황 대처 능력]

보좌하는 상사가 9월 5일 K사 대표와 저녁식사를 원합니다. 어떻게 예약할 것인지 설명하세요.

[답변 know-how]

비서 직무 가운데 비중이 높은 업무 중 하나가 예약 업무다. 어떻게 예약을 진행할 것인지 평가해볼 수 있는 질문이다. 답변에서 'K사 대표 비서실에 전화해서 예약을 잡고, 식당을 예약합니다'라고 대답하면 40점 정도다. 예약이 원하는 날짜에 바로 되면 문제없겠지만, 그렇지 않은 경우가 더 많기 때문이다.

먼저 K사 대표 비서실로 전화하기 전에 상사에게 9월 5일 이외에 가능한 날짜를 복수로 2~3개 정도 더 받는 것이 중요하다. 그다음 K사 대표가 9월 5일이 가능한지 파악한 다음 그날 일정이 안 된다고 하면 복수로 받은 날짜를 더 제시하고 K사 대표가 가능한 날짜도 받아둔 다음 상대 회사의 컨펌을 기다린다. 날짜가 정해지면 미팅의 목적과 취향에 맞는 음식점을 선정해서 예약한다. 음식점 예약 시 고려해야 할 사항(메뉴, 분위기, 룸 여부, 알러지 음식, 주차 상황, 주류 반입 가능 여부, 음료 반입corkage 비용 등)에 대해서도 언급하자.

[예시 질문_상황 대처 능력]

통화 도중 결제 승인을 위해 직원이 찾아왔습니다. 어떻게 대처하겠습니까?

[답변 know-how]

결제를 위해 한꺼번에 사람들이 몰리는 경우도 있고, 전화 통화를 하는 중 예고 없이 찾아오는 직원도 있다. 그렇다고 불쾌한 표정을 짓거나 퉁명한 말투를 대응하면 안 된다. 최대한 감정을 절제하고 매너 있게 행동해야 한다.

눈빛 인사와 목례를 하는 것만으로도 통화가 길어지지 않는다면 충분하고, 찾아온 직원도 이해한다. 통화를 간단히 마치고 안내해

드리겠다는 답변이 무난하다. 하지만 통화와 상관없이 자신의 업무를 우선시하며 다급해하는 직원도 있다. 이럴 경우 '전화 업무를 마치는 대로 안내해드리겠다'는 양해의 메시지 보드를 제시해서 상대방의 이해를 구하는 것도 방법이다.

[예시 질문_상황 대처 능력]

모 신문사의 기자가 취재 관련으로 중요한 일이라며 상사의 휴대폰 번호를 알려달라고 합니다. 어떻게 하겠습니까?

[답변 know-how]

'개인 보안상의 문제로 알려드릴 수 없다'고 해야 정답이다. 급하고 중요한 일이라고 하니 순간 독단적인 선택을 할 수 있지만 침착함을 유지해야 한다. 기자의 번호를 받아 연락을 다시 드리겠다고 안내한 다음 마무리하는 것이 바람직하다. 보안을 유지하는 일, 특히 상사의 개인 업무까지 보좌하는 비서라면 '비밀 보안 유지'에 관한 개념을 갖추고 있어야 한다.

여기서 잠깐!

오너비서의 경우 상사가 문화적 조예가 깊다면, 좋아하는 화가 또는 그림이 있는지, 어떤 클래식 음악을 좋아하는지 등에 대한 질문을 받기도 한다. 예비 상사에 대한 기호를 미리 파악할 수 있다면 더할 나위 없이 좋겠지만, 알 수 없는 경우가 더 많기 때문에 문화적인 소양은 취미로 키워보도록 하자.

[필기시험 및 PT 면접]

기업에 따라 PT 면접과 필기시험을 보기도 한다. 필기시험은 면접 전에 영어 능력 시험을 따로 보는 기업도 있으며, 사전 공지 없이 면접 당일과 면접 전 또는 면접 후에 필기시험을 보는 경우도 있다.

[필기시험 주제 예시]

- 번역하기(한영, 영한 번역)
- 영문 문서 한글로 요약하기
- 명절 감사 인사 작성하기
- 상사의 출장 준비에 필요한 사항 작성하기
- 경조사 관련 한자 음과 뜻 쓰기

PT 면접은 드물지만 정규직 채용 시 간혹 이루어진다. 2차 면접까지 통과한 다음 주제를 미리 전달하고 PPT 작성본을 바탕으로 3차 면접에서 이루어진다. 비서가 왜 되고 싶은지 자신을 어필할 수 있는 주제도 있고, 다양한 일정을 나열한 다음 우선순위를 어떻게 정해서 일정 관리를 할 것인지에 대한 평가를 하기도 한다.

[PT 문제 예시]

Q. 아래의 일정을 어떻게 관리할 것인지 작성 후 발표하십시오.

날짜: 2016. 09.01 ~ 09. 30

일정:

- 9/8(목) U기업 마케팅 상무 생신
- A사 제휴 마케팅 팀 임원과의 저녁식사
- 건강검진-대학병원
- 당사 고객사와 골프 간담회- 참석 인원 6명
- 명절(추석) 지인 선물 발송
- 본사(울산) 경영회의 일정
- 하반기 경력사원 면접 일정
- 기타 비서 수시 업무 등

[답변 작성과 발표 know-how]

먼저 9월의 월간 일정표와 주간 일정표를 만든다. 월간 일정표에는 위의 일정을 날짜별로 채워야 하는데 날짜가 표기되어 있지 않기 때문에 임의로 날짜를 선정한 다음 일정을 작성한다. 주간 일정표에는 시간대별로 표기하는 것이 좋고, 정기적인 비서 업무를 먼저 작성한 다음 정해진 일정 전에 미리 확인하고 준비해야 할 사항까지 상세하게 기록한다.

면접 당일 발표 시에는 여러 일정 중 어떤 일정부터 미리 확인하고 스케줄을 정해야 하는지 우선순위에 대해 설명한다. 작성한 슬라이드를 면접관들에게 보여주면서 어떤 방식으로 일정 관리를 할 것인지 명료하게 전달한다.

[일정 관리 작성법 예시]

많은 일정 가운데 두 개만 구체적으로 날짜가 제시되어 있어, 이를 기본으로 일정표를 작성했다. 일정표를 최대한 상세하고 꼼꼼하게 작성하되, 발표할 때는 핵심만 전달한다. 앞서 언급했듯이 비서 포지션을 대상으로 PT 면접을 실시하는 기업은 드문 편이며, 문제 형식도 정형화되어 있지 않다. 일정 관리는 비서 직무의 기본이기 때문에 실습용으로 연습해보는 것도 직무와 관련해 질문을 받았을 때 도움이 될 것이다.

2016년 9월 월간 일정표

일요일	월요일	화요일	수요일	목요일	금요일	토요일
				1	2 건강검진	3
4	5 경력사원 면접	6	7	8 A사 임원과의 저녁 식사	9	10
11	12	13	14	15 추석	16	17
18	19	20 고객사와 골프 간담회	21 지인 생신	22	23	24
25	26 팀장업무 보고	27	28	29 본사(울산) 경영회의	30	1
2	3	메모 추석 선물 명단 업데이트 및 발송 준비!				

시간	9월 5일(월)	9월 6일(화)	9월 7일(수)	9월 8일(목)	9월 9일(금)
07:00 - 08:00	브리핑 준비, 집무실 정리	브리핑 준비, 집무실 정리	브리핑 준비, 집무실 정리	브리핑 준비, 집무실 정리	브리핑 준비, 집무실 정리
08:00 - 09:00	하루 일정 브리핑 (시간대 별)	하루 일정 브리핑	하루 일정 브리핑	하루 일정 브리핑	하루 일정 브리핑
09:00 - 10:00	경력사원 최종 면접				**고객사와 골프 간담회 일정 조율**
10:00 - 11:00			A사의 임원과의 저녁 식사_음식 점 확인 전화 및 A사 임원비서의 컨펌		
11:00 - 12:00					골프 간담회 참석자 리스트 보고
12:00 - 13:00	점심 식사	점심 식사	점심 식사	점심 식사	점심 식사
13:00 - 14:00			최종 면접 결과 보고		
14:00 - 15:00					
15:00 - 16:00			내일 A사 임원과 의 저녁 식사 일정 보고 및 재확인		
16:00 - 17:00	우편물 정리	우편물 정리	우편물 정리	우편물 정리	우편물 정리
17:00 - 18:00	내일 일정 확인 및 업데이트	내일 일정 확인 및 업데이트	내일 일정 확인 및 업데이트	내일 일정 확인 및 업데이트	주간보고
18:00 - 19:00					
19:00 - 20:00					
준비 사항					

- A사 임원과의 저녁 식사 일정 조율
  - 양쪽의 복수 일정을 받아서 저녁 식사 일정 정하기
  - 모임 목적, 선호 메뉴, 분위기 파악 후 장소 예약
  - *레스토랑 예약 시 확인 사항: 예약 담당자 이름, 특별 요청 사항, 자리 배치, 룸 가능 여부, 주차 시설,
    와인 반납 가능 여부, 코르키지corkage 비용 확인
- **약속 전날**: 내일 A사 임원과의 저녁 식사 예약 장소 재확인
- **약속 후**: 레스토랑 피드백 받아 음식점 리스트 작성, A사 임원 비서실로 감사 인사글 작성

2016년 9월 셋째 주 주간 일정표

시간	9월 12일(월)	9월 13일(화)	9월 14일(수)	9월 15일(목)	9월 16일(금)
07:00 – 08:00	브리핑 준비, 집무실 정리	브리핑 준비, 집무실 정리	추석 연휴	추석 당일	추석 연휴
08:00 – 09:00	하루 일정 브리핑	하루 일정 브리핑 (연휴 전 특별 사항 보고 및 지시사항 확인)			
09:00 – 10:00	**본사 경영회의 회의실 예약**				
10:00 – 11:00					
11:00 – 12:00		VIP 추석 선물 배송 현황 업데이트 후 명단 파일 전달			
12:00 – 13:00	점심 식사	점심 식사			
13:00 – 14:00					
14:00 – 15:00		우편물 정리			
15:00 – 16:00	추석 선물 배송 확인				
16:00 – 17:00	우편물 정리				
17:00 – 18:00	내일 일정 확인 및 업데이트				
18:00 – 19:00					
19:00 – 20:00					
준비 사항					

▶ 연휴 전 이메일 및 미처리 업무 확인 후 가능한 업무 처리
▶ 연휴기간 동안 이메일 out of office(부재중) 알림 메시지로 전환

본사 경영회의 일정

- **2주 전**: 회의실 예약, 참석자 명단, 예상 소요시간 파악
  본사 경영회의 대상자 회의 정보 제공: 일시, 장소, 참가자 명단, 회의 주제, 차량 예약
- **회의 전날**: 회의실 예약 재확인, 다과 및 회의 자료 준비
- **회의 후**: 상사와 컨펌 후 회의 자료 배포

면접용 의상은 기본적으로 깔끔하고 단정한 것이 우선이지만, 면접 전에 지원한 기업의 직원들이 어떤 옷차림으로 근무하는지, 직원들에게서 느껴지는 분위기를 살펴보는 것도 도움이 된다. 캐주얼 차림의 근무지는 기본적인 면접 복장을 갖추고 가면 되지만, 여성들까지 직원 모두 격식을 갖춘 옷차림이라면 조금 더 완벽한 정장 차림으로 가는 것이 좋다. 첫인상이 중요하기 때문에 흰색 블라우스에 검정 재킷 또는 회색 재킷 정도가 적당하며, 치마 길이는 무릎선을 넘지 않는 검은색 또는 회색 H라인 치마가 무난하다.

면접은 본인의 패션 스타일을 드러내는 자리가 아니다. 옷보다는 본인의 말, 생각, 전체 이미지를 전달하는 자리인 만큼 무난하고 깔끔한 이미지를 주는 것이 최상의 선택이다. 면접관이 지원자의 화려한 복장과 메이크업 때문에 면접에 집중할 수 없다면 합격할 수 있는 확률은 낮아지기 마련이다. 헤어스타일은 자신에게 어울리는 단정한 스타일링으로 하고 밝은 염색 등으로 머리색이 튀지 않으면 된다. 승무원을 채용하는 자리가 아니므로 획일화된 업스타일을 고집할 필요는 없다.

돋보이고 싶은 마음에 블라우스, 구두 등에 과하게 투자하는 지원자도 있다. 물론 기업마다 원하는 비서의 이미지가 있기 때문에 다른 직군보다 외형적인 모습에 신경 쓰는 게 사실이다. 하지만 뛰어난 면접 스킬 하나가 값비싼 옷 열 벌보다 나은 결과를 가져올 수 있음을 잊지 말자.

03 면접 태도와 자세의 중요성(국내 기업 & 로펌 비서 공통)

'로펌 비서 편'에서는 어투와 어휘력의 선택 등에 대한 중요성을 설명했다. 이와 더불어 첫인상을 결정짓는 중요한 요소로 태도와 자세를 빼놓을 수 없다. 면접에 대한 자세는 아침에 면접을 위해 집을 나서면서부터 시작되어야 한다. 계속해서 바른 자세를 유지하며 면접 대기 장소에 도착하자. 대기 장소에 도착하면 이제부터 시작이구나 하면서 긴장감이 돈다. 어쩌면 면접관을 대면할 때보다 면접 대기 장소에서 기다리는 시간이 더 초조하고 긴장될지도 모른다. 여유 있게 도착해서 주변 분위기를 살피는 등 면접 분위기에 익숙해지는 것이 중요하다.

이제 본인의 순서가 되었다. 입장을 해보자. 단체 면접이 아닌 개인 면접이라면 반드시 미소와 함께 노크를 한 다음 가볍게 목례 후 면접관 앞에 선다. '안녕하십니까' 인사 멘트 후 90도 인사를 한다. 이 때 몸을 숙여 인사 후 2초 정도 멈췄다가 올라와서 미소를 지으며 면접관을 바라본다. 면접관의 앉으라는 지시가 있으면 그때 '감사합니다'라는 인사와 함께 앉는다.

면접을 볼 때 호감을 주는 자세는 당연히 '바른 자세'이다. 면접에서 가장 중요한 것은 '자신감' 있는 태도이기 때문에 구부정한 자세 또는 무표정한 표정 등은 좋지 않은 인상을 줄 수 있다.

❶ 서 있는 자세

- 가슴 펴고 배에 힘을 준다.
- 어깨는 힘을 빼도록 한다.
- 오른손이 위로 가게 두 손을 포개고 두 엄지손가락은 깍지 끼듯이 교차한다.
- 발뒤꿈치와 두 무릎을 붙이고 발의 앞부분은 15~30도 정도 벌린다.
- 미소를 띠며 시선은 정면을 바라본다.

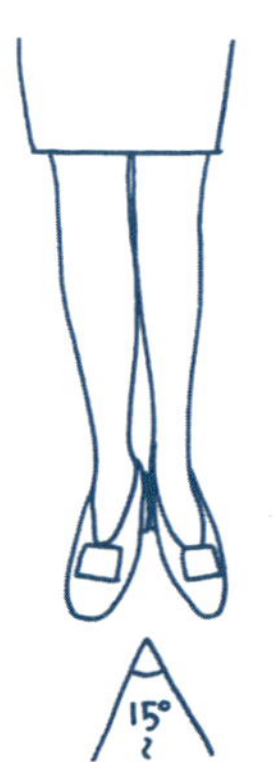

❷ 앉은 자세

- 몸과 등받이 사이의 간격은 주먹 하나가 들어갈 정도로 상체를 곧

게 세운다.

- 한쪽 발을 반 보 정도 뒤로 가져가 무릎과 발끝을 붙이고 사선으로 비스듬히 놓으면 바른 자세가 나온다.
- 손을 자연스럽게 허벅지 위에 올린다.
- 앉으면서 치마가 정돈되지 않을 경우가 많기 때문에 앉으면서 치마를 정리해주는 것이 좋다.
- 미소와 함께 시선은 정면을 유지한다.

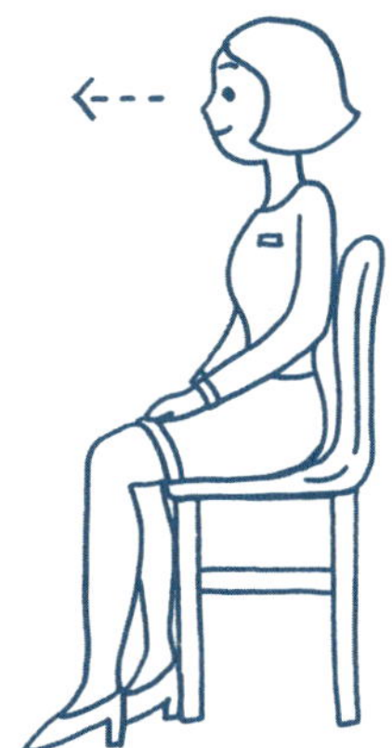

면접이 끝났음을 알리는 소리와 함께 조용히 일어나 입장과 마찬가지로 '감사합니다' 인사 멘트 후 90도로 인사한다. 퇴장 시에도 문을 열기 전, 가볍게 목례를 한 다음 문을 열고 조용히 닫고 퇴장한다.

면접 전, 중, 후에 일관성 있는 태도를 유지하는 것이 정말 중요하다. 간혹 면접 전 대기 시간이 길다고 불만을 표출하는 지원자도 있다. 간혹 면접 후 끝났다는 안도감에 대기실로 돌아와 바르지 못한 언어를 사용한 행동이 직원 눈에 띄어 합격이 취소되는 사례도 있다. 완전히 회사 건물 밖으로 나올 때까지 긴장을 늦추지 말고 조심하자.

면접 전과 당일을 위한 팁
(외국계, 로펌 & 국내 비서 공통)

열심히 준비해서 좋은 결과를 얻는 것만큼 기쁘고 성취감 있는 일이 있을까? 지인들에게 인생을 살면서 짜릿했던 경험을 물어보면, 지원한 기업으로부터 최종 합격했다는 전화 통보를 받았을 때라고 말하는 사람이 많다. 면접을 잘 보기 위해서는 먼저 컨디션 조절부터 해야 한다. 면접 전날은 혼자 조용히 마음을 정리하며 차분하게 보내는 것도 도움이 된다.

01 이력서 및 자기소개서 내용 리뷰

이력서는 한 군데만 지원하는 것이 아니기 때문에 면접 날짜가 정해지면 전날과 당일에 해당 기업에 지원했던 이력서와 자기소개서를 다시 한번 확인한다. 기업에 대한 정보와 어떤 내용을 주로 기술했는지 숙지하고 가야 실수를 방지할 수 있다. 면접은 보통 이력서를 보면서 지원자가 쓴 키워드를 가지고 질문이 이루어진다. 때문에 무슨 내용을 썼는지 기억나지 않아 대답을 못하는 불상사는 막아야 한다.

자신이 작성한 스토리, 지원 동기, 입사 후 포부 등에 대해 다시 한 번 구두로 연습해보는 것이 중요하다. 실제 인터뷰를 하듯 읽어보는 것도 좋으며 작성된 내용을 그대로 읽기보다 구어체로 바꿔 자신의 화법에 맞게 읽어보자. 대답을 하고 추가로 할 수 있는 예상 질문과 답변까지 준비한 후 당황해하지 않도록 검토하고 또 연습한다.

❶ 기업에서 공고한 유의 사항 숙지하기

면접 전날 다시 한 번 확인해야 할 사항은 기업에서 공고한 면접 당일의 유의 사항을 체크하는 것이다. 입실 시간, 준비물, 출입 시 보안 관련 사항 등 기업마다 유의 사항이 다르므로 중요한 것은 숙지한 다음 실수 없게 면접장으로 향한다.

기업에 따라 면접 당일에 서류 제출을 요구하는 경우도 있다. 1차 서류 제출 시 증빙 관련 서류를 첨부하는 경우도 있지만, 1차 면접 시 해당하는 서류를 직접 제출하는 경우도 있다. 미리 제출해야 하는 서류는 없는지 확인해서 챙겨놓자. 이직을 준비하는 재직자는 평소 시간을 내서 서류를 발급 받기 힘들 수도 있으니, 온라인으로 발급 받을 수 없는 서류라면 여유 있게 미리 준비한다.

제출 서류뿐만 아니라, 면접장에서 검토할 만한 자료가 필요하다면 미리 만들어두고 참고하자. 지원한 기업과 관련한 뉴스가 새로 업데이트되었는지 확인하고 정리해서 머릿속에 넣어두는 것도 도움이 된다.

02 면접 당일을 위한 체크리스트

대학 때도 시험 시간을 착각해서 시험을 못 보는 학생들이 있었다. 면접 기회를 놓치는 것은 학교 시험을 못 보는 것보다 훨씬 더 치명적이다. 서류 합격조차 쉽지 않은 것이 현실이다. 면접의 기회가 왔을 때 마지막까지 면접에 집중할 수 있도록 철저한 준비로 돌발 상황에도 대비할 수 있어야 한다. 면접 전, 체크리스트를 통해 다시 한 번 점검하도록 하자.

☐ 신분증

☐ 증빙 서류, 수험표(해당자에 한해)

☐ 개인 면접용 자료

☐ 펜

☐ 메모지

☐ 티슈 또는 물티슈

☐ 수정용 메이크업 용품

☐ 머리 끈

☐ 예비 스타킹

☐ 생수(300ml)

☐ 면접 당일 날씨 확인

☐ 면접 시간 및 장소 확인

☐ 교통수단 확인

이제 면접을 위한 준비는 끝났다. 바른 자세와 긍정적인 면접 태도를 다시 한번 숙지하자. 자신감을 잃지 말고 끝까지 최선을 다해 모두에게 좋은 성과가 있기를 바란다.

민무숙(2011). 여성커리어개발과 대학 취업지원의 과제. *취업진로연구 (한국취업진로학회)*, 1(1), 27-51.

산업통상자원부(2014). 외국인 투자기업정보. Retrieved April 2016. From the World Wide Web(http://www.motie.go.kr/motie/in/it/companyguide/companyguide.jsp).

조계숙 · 최애경(2011). 로펌비서실무. 대영문화사.

주간동아(2012). 공룡 로펌들, 먹잇감 싸움 시작됐다. Retrieved April 2016. From the World Wide Web(http://weekly.donga.com/List/3/all/11/98824/1).

홍순이(2007). 비서학개론. 한올출판사.

Columbia University(2016). Action Verbs List. Retrieved March 2016. From the World Wide Web(http://www.careereducation.columbia.edu/resources/tipsheets/general-resources-action-verbs).

Betz, N. E.(1989). Implications of the null environment hypothesis for women's career development and for counseling psychology. *The Counseling Psychologist*, 17, 136-144.

DuBois, D. L., Felner, R. D., Meares, H., & Krier(1994). Prospective investigation of the effects of socioeconomic disadvantage, life stress and social support on early adolescent adjustment. *Journal of Abnormal Psychology*, 103, 511-522.

Forbes(2015). 2015 The world's most valuable brands. Retrieved January 2016. From the World Wide Web(http://www.forbes.com/powerful-brands/list/).

Leathers, D., & Eaves, M. H. (2008). *Successful Nonverbal Communication: Principles and Applications*. Taylor & Francis.

비서 취업 시크릿 노트

1판 1쇄 인쇄 2016년 8월 10일
1판 1쇄 발행 2016년 8월 25일

지은이 김민정

발행인 양원석
편집장 황혜정
책임편집 차선화
편집 한지윤, 김기남
디자인 RHK 디자인연구소 마가림, 김미선
해외저작권 황지현
교정교열 홍주연
제작 문태일
영업마케팅 이영인, 김민수, 장현기, 양근모, 박민범, 이주형, 이선미

펴낸 곳 ㈜알에이치코리아
주소 서울시 금천구 가산디지털2로 53, 20층 (가산동, 한라시그마밸리)
편집문의 02-6443-8861　　**구입문의** 02-6443-8838
홈페이지 http://rhk.co.kr
등록 2004년 1월 15일 제2-3726호

ISBN 978-89-255-5991-9 (13320)